《这里是江西》编委会

主 任

陈运平　肖洪波

副主任

樊　宾　甘根华

委 员

（按姓氏笔画排列）

邓　静　倪爱珍　高　平　游冬娥　詹跃华

主 编

甘根华

副主编

彭道宾　陈建兵　宋　靖　甘庆华　王　滢

这里是江西

甘根华 ⊙ 主编

江西人民出版社
Jiangxi People's Publishing House
全国百佳出版社

图书在版编目（CIP）数据

这里是江西 / 甘根华主编 . -- 南昌：江西人民出版社，2025.4. -- ISBN 978-7-210-16269-8

Ⅰ . K925.6

中国国家版本馆 CIP 数据核字第 2025YP6198 号

这里是江西
ZHELI SHI JIANGXI

甘根华　主编

| 组　　　稿：李月华 |
| 责 任 编 辑：魏如祥 |
| 书 籍 设 计：同异文化传媒 |

 出版发行

| 地　　　址：江西省南昌市三经路 47 号附 1 号（邮编：330006） |
| 网　　　址：http://www.jxpph.com |
| 电 子 信 箱：jxpph@tom.com |
| 编辑部电话：0791-86895309 |
| 发行部电话：0791-86898815 |
| 承　印　厂：南昌市红星印刷有限公司 |
| 经　　　销：各地新华书店 |

| 开　　　本：787 毫米 × 1092 毫米　1/16 |
| 印　　　张：11.5 |
| 插　　　页：1 |
| 字　　　数：140 千字 |
| 版　　　次：2025 年 4 月第 1 版 |
| 印　　　次：2025 年 4 月第 1 次印刷 |
| 书　　　号：ISBN 978-7-210-16269-8 |
| 地 图 编 制：江西省国土空间调查规划研究院 |
| 审 图 号：赣 S（2024）113 号 |
| 定　　　价：68.00 元 |
| 赣版权登字 -01-2025-65 |

版权所有　侵权必究

赣人版图书凡属印刷、装订错误，请随时与江西人民出版社联系调换。

服务电话：0791-86898820

目录

001　省情概述

021　第一章　地理环境

022　第一节　地理位置与建置
022　　　一、地理位置
023　　　二、古今建置
024　第二节　山川大势
024　　　一、山脉
027　　　二、河流
028　　　三、湖泊
032　第三节　气候特点
032　　　一、气温、光能与风能
034　　　二、降水及其变化趋势

035　第二章　自然资源

036　第一节　土地
037　第二节　矿藏
038　第三节　生物
038　　　一、动物
039　　　二、植物
042　　　三、微生物

043　第三章　生态文明

044　第一节　生态环境优势
044　　　一、生态区位独特
045　　　二、生态条件优越
045　　　三、生态资源丰富

046	第二节	山江湖开发治理
047		一、山地丘陵综合开发
048		二、"五河"开发治理
049		三、鄱阳湖区开发治理
053	第三节	鄱阳湖生态经济区建设
055	第四节	国家生态文明试验区建设
055		一、建设过程
057		二、建设成效

059 第四章　风景名胜

060	第一节	南昌市主要景区
061		一、滕王阁
062		二、梅岭
063		三、绳金塔
064		四、八大山人纪念馆
065		五、安义千年古村
066		六、南昌汉代海昏侯国遗址博物馆
070	第二节	九江市主要景区
070		一、庐山
072		二、浔阳楼
073		三、白鹿洞书院
074		四、庐山西海
076	第三节	景德镇市主要景区
076		一、"千年瓷都"景德镇
078		二、瑶里
079	第四节	萍乡市主要景区
080		一、武功山
081		二、孽龙洞
083	第五节	新余市主要景区
084		一、仙女湖

目录 / 003

084　　　二、中国洞都
085　第六节　鹰潭市主要景区
086　　　一、龙虎山
088　　　二、天师府
089　第七节　赣州市主要景区
090　　　一、瑞金共和国摇篮旅游区
091　　　二、三百山
092　　　三、通天岩
093　　　四、翠微峰
094　第八节　宜春市主要景区
095　　　一、明月山
097　　　二、三爪仑
098　　　三、阁皂山
098　　　四、宝峰寺
099　第九节　上饶市主要景区
100　　　一、三清山
102　　　二、龟峰
103　　　三、鹅湖书院
105　　　四、婺源古村落
107　第十节　吉安市主要景区
108　　　一、井冈山
112　　　二、白鹭洲书院
113　　　三、文天祥纪念馆
114　　　四、渼陂古村
115　第十一节　抚州市主要景区
116　　　一、麻姑山
118　　　二、大觉山
119　　　三、流坑古村

121　第五章　名优特产

122　第一节　景德镇名瓷

122	一、	青花瓷
123	二、	粉彩瓷
124	三、	颜色釉瓷
124	四、	玲珑瓷
125	第二节	文房四宝
125	一、	李渡毛笔
126	二、	婺墨
126	三、	铅山连四纸
127	四、	婺源龙尾砚
127	五、	金星宋石砚
128	第三节	夏布
128	一、	万载夏布
129	二、	袁州夏布
129	三、	宜黄夏布
129	第四节	茶叶
129	一、	婺源绿茶
130	二、	庐山云雾茶
131	三、	遂川狗牯脑茶
131	四、	井冈翠绿茶
131	五、	修水宁红茶
132	六、	浮梁浮红茶
132	七、	宁都小布岩茶
133	第五节	水果
133	一、	赣南脐橙
134	二、	南丰蜜橘
134	三、	遂川金橘
134	四、	三湖红橘
135	五、	南康甜柚
135	六、	上饶早梨
135	七、	江湾雪梨

136	八、江西梨瓜
136	九、上饶马家柚
136	十、于都大盒柿
136	十一、安义枇杷
137	十二、会昌荸荠
137	十三、井冈蜜柚
137	第六节　山珍
137	一、庐山石耳
138	二、德兴铁皮石斛
138	三、江西银耳
139	四、安远香菇
139	五、井冈山玉兰片
139	六、宜春冬笋
140	第七节　畜禽水产
140	一、泰和乌鸡
140	二、万载三黄鸡
140	三、会昌麻鸭
141	四、兴国灰鹅
141	五、广丰山羊
141	六、兴国红鲤鱼
141	七、婺源荷包红鲤鱼
142	八、万安玻璃红鲤鱼
142	九、鲥鱼
142	十、鄱阳湖银鱼
143	十一、江西甲鱼
143	十二、军山湖大闸蟹
144	第八节　名酒
144	一、樟树四特酒
144	二、临川贡酒
144	三、赣酒

145	四、南城麻姑酒
145	五、清华婺酒
146	六、泰和白凤乌鸡酒
146	七、鄱湖桂花酒
146	八、李渡高粱酒
147	九、吉安堆花酒
147	十、九江陈年封缸酒
147	第九节　名菜
147	一、赣菜"十大名菜"
151	二、赣菜"十大名小吃"
154	三、其他特色菜
159	第十节　传统名点与副食品
159	一、丰城冻米糖
160	二、贵溪灯芯糕
160	三、九江桂花茶饼
160	四、九江桂花酥糖
161	五、南昌石头街麻花
161	六、安福火腿
161	七、袁州松花皮蛋
162	八、大余南安板鸭
162	九、葛源葛粉
162	十、峡江米粉
163	十一、兴国鱼丝

164　专记：打造中国生态文明
　　　试验区江西样板

171　参考文献

173　后　记

省情概述

江西简称赣，因唐玄宗开元二十一年（733）设江南西道而得省名。

一、历史悠久，物华天宝

"泱泱中华，历史何其悠久，文明何其博大。"江西在中华文明发展史上具有重要地位。据最新考古发现，人类在江西这片土地上至少已有50万年的活动史。万年县仙人洞和吊桶环遗址发现的距今1.2万余年的水稻标本，是"世界稻作起源地之一"。距今约5000年的新石器时代，江西境内就已形成了许多居民聚落点。截至目前，江西各地发现旧石器时代晚期遗址2处，新石器时代遗址近100处。商周时期，江西进入奴隶社会，这一时期农业和手工业出现分工，江西制陶业和青铜业获得突出发展，吴城遗址发掘出许多陶器，新干县大洋洲商代大墓和瑞昌市商周古铜矿遗址出土大量精美青铜器和采炼工具。

从江西人口的发展历史看，西汉元始二年（2），全省人口总数为35.20万人；明弘治四年（1491），有654.98万人；清宣统三年（1911），有1697.7万人；1950年，有1568万人；1990年，有3771.02万人；2000年，有4139.80万人。2023年末，全省有常住人口4515.01万人，其中男性人口2332.79万人，占总人口的51.67%；女性人口2182.22万人，占总人口的48.33%。

江西历史上农耕经济发达。春秋战国时期，江西开始使用铁制农具，生产力有较大提高，同时纺织业已经较为发达，在贵溪崖墓中出土了成套的实用纺织机具。两汉时期，汉高祖初年设豫章郡，郡治南昌。此后江西人口迅速增加，农业、制陶业、采矿业、造船业等较为

■ 吉州窑瓷器

发达，开始使用煤做燃料，鄱阳湖平原成为重要的产粮区。南昌西汉海昏侯墓出土文物显示出汉代高超的科学技术和器物制作水平。

三国两晋南朝时期，因中原地区战乱，北方地区人口大规模南迁江西。铁制农具的广泛应用和牛耕技术的引入，使江西农业生产水平得到大幅提高，郡县数量大增。南朝时，京城以外的大粮仓三分之二在豫章郡（今南昌市）。

隋唐五代时期，全国经济重心逐步南移。安史之乱使大量人口迁至江西，鄱阳湖周边和赣江、信江、抚河流域得到广泛开发，江西成为全国重要粮食生产基地。同时茶叶、柑橘、药材、造纸等很多产品成为贡品。大庾岭梅关和赣江水道沟通南北商路，沿线江州（九江）、洪州（南昌）、吉州（吉安）、虔州（赣州）成为重要都邑，商旅汇聚，雅士云集。

两宋时，江西经济繁荣，粮食输出有"天下之最"的美誉，茶叶、采矿、冶金、陶瓷、航运、商贸等异常兴旺发达。南宋期间，江西漕运至京师的稻米占全国三分之一，茶叶产量占全国四分之一。景德镇窑和吉州窑成为全国名窑。南昌呈现出大都市风貌。明朝时期，江西在经济方面仍居全国重要地位。南安府（大余）的梅关古道和赣江是联系广东和长江流域的交通线路，赣江沿岸的樟树镇、吴城镇成为航运与商业中心，景德镇、河口镇是手工业中心，四地并称江西四大古镇。

清朝前中期，江西人口增加，商品经济发展迅速。鸦片战争之后，西方列强对中国的商品倾销和资源掠夺主要经过长江航道，九江成为通商口岸。经由赣江、大庾岭这一交通动脉的货物减少，沿岸码头吴城、樟树等逐渐衰落。太平天国运动期间，江西是主要战场，遭受了重大损失。清代晚期，江西出现资本主义工商业，但是力量微弱。中华民国成立后，北洋军阀统治江西十余年，大革命时期，江西成为重要战场。1927年南京国民政府成立后，加强了对江西的统治。土地革命战争时期，中国共产党在江西创建井冈山、湘赣、闽浙赣、湘鄂赣等苏区，于1931年在瑞金成立中华苏维埃共和国临时中央政府。抗日战争期间，日军在江西占领区烧杀抢掠，给江西造成严重损失。抗战胜利后，国民政府发动内战，致使农业残破，工矿业衰败，财政恶化，民不聊生。1949年9月，江西全境解放。10月1日，中华人民共和国成立，江西进入发展新时期。

物华天宝，江西这块土地不仅盛产粮食，地底下还蕴藏着丰富的矿产和水力等资源。目前，我国已探明矿产种类共173种，而江西就多达153种，数量居全国第一，是名副其实的矿产宝库，其中钨、稀土、金、银、铀、铜、钽组成了最具优势的"七朵金花"。水能理论蕴藏量为684.56万千瓦，可开发的水力资源有610.89万千瓦。

二、文化鼎盛，人杰地灵

江西第一个有明确记载的政治人物吴芮，为吴王夫差七世孙，秦末追随陈胜、吴广起义，后拥立刘邦，西汉时获封长沙王。徐孺，即徐稚，是东汉时期江西的知名学者、隐士。他学识渊博，品节高尚，朝廷两次征召都不出仕，终身讲学，时人称为"南州高士""徐孺子"。东晋陶侃为著名政治家、军事家，其孙陶潜，是东晋诗人、散文家、隐士。陶潜，一名渊明，字元亮，自号五柳先生，他有感于门阀制度森严和官场黑暗，辞官隐居，躬耕自资，致力于文学创作，留下诗歌120余首，散文和辞赋10余篇，被誉为"古今隐逸诗人之宗""田园诗派之鼻祖"。自隋至清，一千多年间，朝廷通过科举选拔人才，进士的数量往往成为衡量一个地区人文是否昌盛的重要标准，江西科举处于全国领先位置。分宜人卢肇于唐会昌三年（843）春闱殿试中进士第一名，成为江西历史上第一个状元。宋代江西进士5400多名，这是江西人文最鼎盛的时代，王安石、曾巩、刘恕、孔文仲、洪迈等都是一门三进士或四进士；乐安县流坑村董氏家族一门五进士，时号"五桂"。明代江西进士总数3100多人，建文二年（1400）庚辰科一甲进士和永乐二年（1404）甲申科前三名进士均为江西吉安人，这在科举史上绝无仅有。明代有"朝士半江西"的说法，从解缙、胡广、杨士奇到费宏、夏言、赵汝愚、严嵩，出任宰辅者达18人。清代江西进士1700多名，较宋、明有所降低。

唐代到清代的一千多年间，每个朝代江西都涌现了一批影响力巨大的名人。

唐代兴国钟绍京系三国魏国太傅、书法家钟繇的十七世孙，是名臣、书法家，为江南第一个宰相。因书法出名，又称"小钟"。九江舒元舆是中晚唐大臣，"古文运动"后期重要作家之一，曾与李训同时拜相。永新许和子是著名的歌唱家。宜春郑谷是晚唐著名诗人，其诗深入浅出，别具机杼，合乎诗道，清婉明白，通俗易晓，有《云台编》《宜阳集》《国风正诀》等传世。五代南唐时，进贤董源是南唐画院画师，在我国绘画史上，董源与巨然、关仝、荆浩并称"四大家"，有"北关荆、南董巨"之称。董源与巨然所开创的水墨山水画，为当时南方画坛的主要流派，即"江南派"的"正传"。也有将董源、范宽、李成称为"北宋三大家"。董源是一位具有创造精神的划时代画家，后世文人画匠推崇备至，被誉为"文人画"之祖，影响极为深远。

宋代江西省进入大发展时期，文化空前繁荣，人物影响力巨大，值得大书特书。以政治论，光是出任宰相、副宰相级官僚的就有20余人，其中王钦若、晏殊、欧阳修、王安石、曾布、洪适、周必大、江万里、汪澈、陈康伯、赵汝愚、京镗、马廷鸾、文天祥等都为人们所熟知。以军事论，德安王韶是著名的军事家，于北宋熙宁六年（1073），率军进攻西羌，收复河（甘肃临夏）、岷（今甘肃岷县）等五州。以文艺论，有唐宋八大家中的曾巩、王安石、欧阳修三位。玉山汪应辰是历史上最年轻的状元，也是南宋政治家、文学家，"玉山学派"代表人物，世称"玉山先生"。吉水杨万里是南宋著名诗人，创立"诚斋体"，与陆游、范成大、尤袤并称"南宋四大家"，更被誉为"一代词宗"。鄱阳姜夔是著名词人、杰出的词曲作家，他留给后人的《白石道人歌曲》有自己的自度曲、古曲和词乐曲调，是流传至今唯一带有曲谱的宋代歌集，被视为"音乐史上的稀世珍宝"。修水黄庭坚开"江西诗派"，并带动了一大批追随者，《诗林广记》赞"山谷自黔州以后，句法尤高，笔势放纵，实天下之奇作。自宋兴以来，一人而已"。乐平马端临是宋末元初史学家，著有记述历代典章制度的《文献通考》，清江（今樟树市）徐梦莘发愤研究宋金和战的历史，写成《三朝北盟会编》。以哲学论，金溪陆九渊是南宋著名理学家和教育家，世人称"存斋先生"，与兄陆九韶、陆九龄合称"金溪三陆"。婺源朱熹是南宋哲学家、教育家，理学之集大成者，所著《四书章句集注》，被元明清三朝定为科举取士的必读之书，时有"非朱子之传义不敢言"之说。以科技论，水利学家侯叔献（宜黄人）、余良肱（修水人），医学家王克明（乐平人）等都在各自领域取得了巨大成就。以教育论，两宋全国书院203所，江西独有80所。朱熹兴复的白鹿洞书院，成为全国四大著名书院之一。宋代江西举进士人数达5400余人，占全国的五分之一。出任宰相级的显宦25人。华林胡氏家族"一门三刺史，四代五尚书"。以专著论，乐史著《太平寰宇记》，洪迈著《容斋随笔》《夷坚志》，流传至今。董煟的《救荒活民书》是中国第一部救荒专著。以影响论，晏殊、晏几道开宋词繁荣昌盛之先河，形成江西词派。方会创临济禅杨岐派，慧南创临济禅黄龙派。欧阳修领导北宋诗文革新，是开创一代文风的文坛领袖。王安石不仅与欧阳修、曾巩同列唐宋八大家，还创荆公新学，是中国历史上改革家的代表。周敦颐在南安教程颢、程颐，孔颜乐处，被奉为宋明理学（含心学）的鼻祖。陆九渊创立儒家心学，被称为江西学派，影响深远。他与朱熹在上饶的"鹅湖之会"，是中国学术史上的著名盛会。文天祥成为中华民族精神与气节的标杆。

■ 汤显祖像

　　元代至明代的江西出现了一批有抱负、有作为的优秀人物。以军事论，宜黄的谭纶与戚继光共事齐名，同为抗倭名将，时称"谭戚"。丰城邓子龙骁勇善战，是明代援朝抗倭的名将。南昌刘显也是明代抗倭名将，曾任总兵镇守广东，他与戚继光、俞大猷、许朝光相互配合，收复兴化城，平福建倭患。其子刘綎有"晚明第一猛将"之称，曾平定九丝蛮立功，参与万历三大征战之二，在萨尔浒之战中以身殉国，获赠"少保"。清江（今樟树）杨廷麟是明末著名的抗清将领。以文艺论，丰城揭傒斯是元代文学家、史学家，为"元诗四大家"之一、元代"儒林四杰"之一。崇仁虞集是元代文学大家、著名诗人，为"元诗四大家"之一。清江（今樟树）杜本是元代文学家、理学家，世称"清碧先生"。高安周德清是元代散曲家、音韵学家，其编写的《中原音韵》是我国最早的一部全面论述北曲的体裁、技巧和韵律的著作。临川汤显祖是杰出的戏剧家，他创作了"临川四梦"等名著，被誉为"东

▲《岛夷志略》书影　　▼《天工开物》书影

八大山人像

方莎士比亚"。吉水解缙被誉为"大明第一才子",曾主编《永乐大典》。以科技论,南昌汪大渊是著名航海家,其所著《岛夷志略》,对研究元代中西交通和海道诸国历史、地理具有十分重要的史料价值,为世界各国学者所重视。奉新宋应星是著名的科学家,他写的《天工开物》是我国17世纪初期的工艺百科全书,也是世界科技史上的名著。南丰危亦林是元朝医学家,他发明的"悬吊复位"法,用以整复脊椎骨折,比英国达维斯1927年提出悬吊法早600多年。贵溪徐贞明是明代水利学家,著有专门研究水利的《潞水客谈》。以影响论,明朝江西士人入阁拜相者甚众,出现"翰林多吉水,朝士半江西"局面。靖安况钟因为两袖清风被人称为"况青天",至今广为传颂。以邹守益等人为代表的江右王门,是全国学术领军人物。罗汝芳等人把泰州学派发展到新高峰。胡居仁、罗钦顺、陈邦瞻等一大批学者彪炳中国学术史。丰城雷礼是明清建筑艺术的主要开创者,其主持修建的明十三陵为"样式雷"修筑清东陵与清西陵提供了样板。

清代时,江西人才虽然总体弱于宋明时期,但依然群星灿烂。南昌朱耷,号"八大山人",是著名的画家和书法家。宁都魏禧是散文作家,与其兄魏际瑞、弟魏礼合称为"宁都三魏"。铅山蒋士铨是戏剧家兼诗人,同袁枚、赵翼并称"江右三大家"。南昌彭元瑞是清朝大臣,同时还是文学家、目录学家、楹联家,与其父廷训、弟元珫、子翼蒙创"一家三代四翰林"之奇迹。高安朱轼官至文华殿大学士兼吏、兵二部尚书,著有《易春秋详解》。宜黄黄爵滋是禁烟派领袖。修水陈宝箴是著名晚清维新派政治家,与黄遵宪等倡办新学,主张维新变法。萍乡李有棠精研史学,著有《辽史纪事本末》《金史纪事本末》。其胞弟李有棻主持拟订《江西全省铁路简明章程》,全盘规划江西全省铁路,定下江西铁路"一干三支"的建设方案。萍乡文廷式官至翰林院侍读学士,戊戌变法前鼓吹变法维新,与康有为组织"强学会"。婺源齐彦槐是著名的天文学家,他创制的"中星仪"是我国的第一座恒星时钟,可准确观测星象的位置和运行,时人誉为"开千古以来未有之能事,诚精微之极至矣"。雷发达是著名建筑师,清初宫廷"样式房"的掌案(总设计师),为"样式雷"发祥之始祖。

土地革命时期,许多重大历史事件在江西上演。毛泽东等老一辈无产阶级革命家在这里施展了文韬武略。江西现被称为"人民军队的摇篮""中国革命的摇篮""人民共和国的摇篮"和"中国工人运动的策源地",正因为此,江西往往被人们称为红色热土、红土圣地。赣

■ 方志敏塑像

州市兴国县被誉为"将军县",弋阳方志敏是伟大的无产阶级革命家。江西的红色文化在全国独树一帜,井冈山被称为"天下第一山"。

在传统文化等方面,陈寅恪为国学大师,熊佛西是中国话剧奠基人。中华人民共和国成立以后,涌现了吴有训、袁隆平、甘祖昌、夏征龙等各界翘楚和先进人物,赣文化、陶瓷文化、书院文化、方志文化方兴未艾、大放异彩。

江西还是佛教和道教文化圣地。佛教方面,禅宗包括沩仰宗、临济宗、曹洞宗、云门宗、法眼宗,其中沩仰宗、临济宗、曹洞宗发祥于江西宜春;云门宗祖庭在广东韶关的云门寺,法眼宗祖庭在南京清凉寺,它们皆源出南宗青原一脉;而从临济宗分出的黄龙宗和杨岐宗,祖庭分别在江西的修水和萍乡。因此,禅宗"一花五叶""五家七宗"都源于江西。近代,马祖道一在开元寺(今南昌市佑民寺)说法,"洪州禅"由此发源。道教方面,西晋许逊是道教四大天师之一,被称为"许真君";东晋升平年间,葛洪到三清山结庐炼丹,成了三清山的"开山始祖";三清山道教的第一位传播者,汉代张道陵于龙虎山修道炼丹大成;宋代王文卿创立了道教神霄派,隐居故乡南丰,著书立说,讲道授徒;宋代张继先为道教正一派第三十代天师,提出"心"为万法之宗。

三、承东启西,生态秀美

江西,地处中国东南部,东邻浙江、福建,南连广东,西挨湖南,北毗长江共接湖北、安徽,总面积16.69万平方千米,多样的地貌类型对气候、生态和资源分布产生了深远影响,形成了丰富的生物多样性和独特的自然景观。

江西"吴头楚尾、粤户闽庭""承东启西、连南贯北"的区位特点,既源于自然地理的天然禀赋,也得益于现代交通网络的叠加赋能,更在新时代国家战略中展现出独特的发展活力,使其在中国经济地理格局中具有不可替代的战略价值。鄱阳湖水系与长江黄金水道打通了南北通道,使江西成为长三角、珠三角、海峡西岸三大经济区的共同腹地。历史上,赣江—大庾岭通道是一千多年来南北商贸的要道。如今,江西已然成为连接粤港澳大湾区与长江经济带的"陆海双通道",成为沟通南北、连接东西的关键枢纽。现代交通体系就像一张巨大的网络,将江西的地理优势转化为强大的发展动能。长江九江段年吞吐量超亿吨,在经济发展中发挥着举足轻重的作用。鄱阳湖联通赣江、抚河等五大水系,形成通江达海的内河航运网络。沪昆高铁横贯东西,京九铁路纵穿南北,昌赣深高铁将南昌至深圳缩短至3小时，构建起江西高铁骨架。全省高速公路里程超 6000 公里，与周边六省实现"6 小时经济圈"覆盖，货物运输半径覆盖长三角、珠三角核心城市。航空方面，加快形成"一干九支"机场布局，积极适应国家低空空域开放趋势，增加建设龙南、南丰等一批通用机场。全省高速公路、高铁、空港、水运等综合交通枢纽体系正在形成，逐步构建起了对接"一带一路"和长江经济带的战略大通道。

江西作为中国南方重要的生态屏障，凭借优越的自然条件和持续的保护措施，在森林资源与生物多样性保护方面成效显著，2014 年被评为生态文明先行示范区建设地区（第一批）。

绿色底蕴深厚，森林覆盖率稳居全国前列。森林覆盖率长期保持高位，2023 年稳定在 63.1%，居全国第二位，2024 年进一步提升至 63.35%，森林面积达 1035.4 万公顷，活立木蓄积量超 7 亿立方米 7912。其中，赣州市以 76.23% 的覆盖率居全省首位。通过低产林改造、森林抚育等工程，近十年累计完成 1320 万亩低产林改造和 6519.75 万亩抚育，推动森林从"量增"转向"质升"。第七次森林资源调查显示，全省呈现"三增长、一提高、一优化"特征（覆盖率、蓄积量、面积增长，单位蓄积量提高，林分结构优化），乔木林平均蓄积量达 82 立方米每公顷，阔叶林占比超 52%。在全国率先实施五级林长制，构建省、市、县、乡、村联动的责任体系，连续多年考评全国第一。全省建成 542 处自然保护地（含 5 个国家公园试点），覆盖 50% 以上自然森林生态系统和 90% 国家重点保护物种。

生物多样性的天然庇护所。江西现有记录的野生脊椎动物 1007 种，其中国家一级保护动物 42 种（如长江江豚、白鹤、中华秋沙鸭），二级保护 146 种。通过实施极小种群保护工程，华南梅花鹿、穿山甲等濒危物种野外种群显著恢复。已知高等植物 6337 种，占全国总量的21%，包括国家一级保护植物6种（如资源冷杉、水松），二级保护72种。每一种珍稀物种，都是大自然对江西的慷慨馈赠，也是江西生态自信的有力见证。鄱阳湖湿地是全球最大白鹤越冬地，是世界闻名的候鸟王国。每年秋冬，全球98%以上的白鹤、95%以上的东方白鹳、70%以上的白枕鹤、60%以上的鸿雁从各地飞抵鄱阳湖过冬，共同勾画了一幅"候鸟翔集、渔舟唱晚"的生态华章。

江西风景独好，山水旖旎、人文荟萃，拥有得天独厚的文化资源和自然禀赋，为打造世界知名旅游目的地铺就了斑斓底色。全省旅游资源种类多，境内拥有5处世界遗产、4个世界地质公园、1个国际重要湿地、15个国家AAAAA级景区、5个国家级旅游度假区。风景名胜区集自然奇观、红色文化、古村诗意于一体，四季皆可游可赏。

时光回溯到1934年7月，毛泽东登临会昌山，壮志豪迈，激情澎湃地写下了《清平乐·会昌》，盛赞"风景这边独好"。2010年11月，江西省人民政府提出把"江西风景独好"作为江西旅游形象宣传口号，目的是在全国乃至全球凝聚江西旅游特色、展现江西旅游优势、塑造江西旅游品牌、提升江西旅游形象。2024年，全省接待国内游客人次、旅游收入分别同比增长近14%、14.5%；外省游客近三成，过夜游客近四成，创历史新高。首个非遗春节，江西接待国内游客总人次近3600万、旅游收入近300亿元，分别同比增长6.29%、7.54%，其中外省游客占比47.8%，居全国前列、中部第一，"引客入赣"渐入佳境。"江西风景独好"继续唱响全国，品牌的国际影响力不断提升，为文旅产业高质量发展注入新动能，为打造文化强省、旅游强省提供了有力支撑。

如今的赣鄱大地，山川秀美、江河如织、森林密布、湿地广袤，绿意澎湃，一幅动人心魄的"城在林中、路在绿中、房在园中、人在景中"的生态画卷正徐徐展开，绿色正成为江西永恒的发展底色，生态之美已成为江西最响亮的名片。

四、红土圣地，旧貌新颜

江西，这片广袤而神奇的土地，宛如一颗镶嵌在中国南方大地上的璀璨明珠，承载着"红土圣地"不朽的历史记忆。在革命战争年代，无数赣鄱儿女积极投身于革命事业，从八一起义到秋收起义，从引兵井冈到三湾改编，从朱毛会师到转战赣南闽西，从瑞金建政到长征出发，用忠诚和热血为中国革命付出了巨大牺牲、作出了巨大贡献，江西有名有姓的烈士近26万人。

江西形成了丰富的红色资源，积淀了深厚的红色底蕴，在推进红色基因传承中肩负重要责任，具有独特优势。全省红色资源星罗棋布，有不可移动革命文物2960处、可移动革命文物43650件（套），核对登记的红色标语1万余条，革命文物数量及其价值在全国均处于领先位置，这些红色资源是中国共产党奋斗历程的历史见证，是江西最宝贵的精神财富。

2019年5月，习近平总书记在江西考察时强调，江西是一片充满红色记忆的红土地，要把井冈山精神和苏区精神继承和发扬好。近年来，江西积极响应党中央"用好红色资源，赓续红色血脉，努力创造无愧于历史和人民的新业绩"的要求，立足红色资源优势，加强顶层设计，以建设红色基因传承先行区为目标，坚持守正创新，赋予红色圣地独特新韵，以红色文化激活老区新发展。着力打造"四个摇篮、一座丰碑和一个出发地"等红色旅游IP，推动红色旅游业态焕新、品质提升。持续强化红色旅游教育功能，突出寓教于游、寓学于游，推动红色文化内涵融入景区景点，充分发挥红色旅游铸魂育人的积极作用。积极探索红色文化育人新模式，建设红色文化育人资源库和精品课程，教育引导广大青少年听党话、感党恩、跟党走。2017年，江西联合北京、上海、贵州、陕西等24个省（区、市）发起成立中国红色旅游推广联盟，联盟秘书处永久设在江西，这是全国唯一的红色旅游发展省级联盟平台。2022年1月，江西出台全国首部明确以革命文物为立法对象的省级地方性法规《江西省革命文物保护条例》，率先推出革命文物保护利用标识，探索建立并实施革命文物保险等制度，为红色资源保护法规制度建设提供了"江西经验"。如今，江西正向建设红色基因传承先行区、红色资源保护标杆地、红色基因传承研究引领地、红色教育聚集地、红色旅游重要目的地、红色文化传播先锋地"一区五地"的红色基因传承新格局迈进。

新征程上，我们将牢记习近平总书记殷殷嘱托，坚持守正创新、积极作为，不断完善红色基因传承长效机制，让红色文化在新征程上焕发时代光芒，让红色基因在赣鄱大地代代相传，走好新时代的长征路，续写红土圣地新的时代荣光。

新中国成立初期，江西面临着百废待兴的艰难局面。长期的战争破坏使得这片土地千疮百孔，经济凋零，社会动荡不安。农业生产方式陈旧落后，以传统的手工劳作和小规模经营为主，生产力水平低下，粮食产量难以满足人民的基本生活需求。工业基础几乎为零，仅有一些零散的手工业作坊，生产技术和设备简陋，生产规模狭小，工业产值微乎其微。服务业发展更是滞后，商业活动主要集中在一些传统的集市和小店铺，服务种类单一，服务质量低下。

随着新中国的成立，江西迎来了前所未有的发展机遇。在中国共产党的坚强领导下，江西人民发扬艰苦奋斗、勇于创新的精神，踏上了从传统农业大省向新兴工业强省的深刻转型之路。改革开放以来，江西积极融入全国发展大局，不断深化改革、扩大开放，经济社会发展取得了举世瞩目的成就。在新时代，江西更是紧紧抓住高质量跨越式发展的战略机遇，加快产业升级和转型，推动科技创新和进步，加强基础设施建设和生态环境保护，人民生活水平显著提高，经济社会发展呈现出蓬勃向上的态势。新中国成立70多年来，赣鄱大地发生了翻天覆地的历史巨变，实现了经济实力、人民生活、城乡环境"三个历史性跨越"。

党中央对江西工作高度重视、十分关心。2016年2月，习近平总书记来到江西视察，看望慰问老区人民，希望江西主动适应经济发展新常态，向改革开放要动力，向创新创业要活力，向特色优势要竞争力，奋力夺取全面建成小康社会决胜阶段新胜利。2019年5月，习近平总书记时隔三年再次来到江西视察，提出"在加快革命老区高质量发展上作示范、在推动中部地区崛起上勇争先"的目标定位和"五个推进"的更高要求。2023年10月，习近平总书记先后到江西省九江、景德镇、上饶等地，深入长江岸线、企业、历史文化街区、农村等进行调研，强调：解放思想、开拓进取，扬长补短、固本兴新，努力在加快革命老区高质量发展上走在前、在推动中部地区崛起上勇争先、在推进长江经济带发展上善作为，奋力谱写中国式现代化江西篇章。

党的十八大以来，江西全省主要经济指标增速连年位居全国"第一方阵"，发展的质量和效益不断提升，特别是历史性解决了区域性整体贫困问题，逐步步入了高质量跨越式发展的轨道，呈现出量质双升的良好态势。2024年，全省经济运行持续向好，市场信心和社会预期明显增强。地区生产总值增长5.1%，在全国排位前移至第15位，规模以上工业增加值增长8.5%，固定资产投资增长4.8%，其中民间投资增长3.6%，社会消费品零售总额增长4.9%。大力推进数字经济核心产业创新提升行动，出台支持制造业数字化转型11条措施，引进培育数字化服务商800多家，1.02万家企业启动数字化改造，新增22家国家级5G工厂、总数达36家，预计数字经济规模突破1.3万亿元，获批全国数字化供应链贯标和"一图四清单"试点省，工业"顶梁柱"作用充分彰显。科创实力不断增强，大力实施科技兴赣六大行动，综合科技创新水平指数达64.52%，提升幅度全国第二。太行国家实验室江西创新中心获批建设，全国重点实验室达6家，中国工业互联网研究院江西分院、中国农业机械化科学院江西农业装备研究院等揭牌成立，省重点实验室优化重组至172家，在全国率先组建生态环境领域省重点实验室联盟。数字政府建设成效初显，建成一批务实管用的基础设施和应用系统，安全保障体系初步构建。区域城乡协调并进，省市县三级国土空间规划基本完成。脱贫攻坚成果巩固拓展，乡村振兴扎实推进，新建和改造提升高标准农田360万亩，粮食总产439.2亿斤，连续12年超430亿斤；新增13家国家级农业产业化重点龙头企业，总数达81家，累计培育全国名特优新农产品360个，居全国第六，油茶产业产值突破600亿元，居全国第二。

时光流转，岁月变迁，"人民至上"的初心在这片红色土地上始终不渝。省委、省政府始终恪守发展为民的根本导向，深入践行以人民为中心的发展思想，坚决打赢脱贫攻坚战。从2017年2月井冈山在全国率先实现脱贫摘帽，到2020年4月，全省25个贫困县全部脱贫摘帽，3058个贫困村全部退出，如期兑现了不让一个老区群众在全面小康路上掉队的庄严承诺，革命老区迈上了高质量跨越式发展的快车道。居民人均可支配收入提前一年比2010年翻番，与全国同步全面建成小康社会。2024年，城镇、农村居民人均可支配收入分别增长

4.3%、6.2%。城乡低保、特困人员供养标准连续18年提高，城乡居民养老保险待遇水平稳居中部地区第一。江西聚焦人民群众急难愁盼问题，着力解决老百姓最关心的就业岗位、托幼园位、上学座位、医疗床位、养老点位、停车车位和如厕厕位等民生实事，深挖黑恶势力"保护伞"，打赢扫黑除恶攻坚战。通过实施一系列惠民政策，区域、城乡差距持续缩小，迈向共同富裕的步伐更加稳健，人民生活水平显著提升，幸福指数持续攀升，人民群众的获得感、幸福感、安全感不断增强。

如今的赣鄱大地，改革开放的春风孕育着无限的生机活力，跃动着发展的蓬勃朝气，处处涌动着革故鼎新的澎湃浪潮。全省上下"撸起袖子加油干、只争朝夕务实干"的氛围日益浓厚，正可谓"老区不老、发展势头正好"。

红色是江西最亮的品牌，绿色是江西最大的优势，古色是江西最深的底蕴，魅力江西红与绿相得益彰，古与今交相辉映。今天的江西，政通人和，百业俱兴，正如方志敏烈士在《可爱的中国》中所预言的那样，"到处都是活跃跃的创造，到处都是日新月异的进步"。

踔厉奋发，继往开来。新征程上，4500多万赣鄱儿女牢记习近平总书记的殷殷嘱托，正以崭新姿态和昂扬状态奋力描绘新时代江西改革发展新画卷，为谱写中国式现代化江西篇章而不懈奋斗！

（撰文　甘根华）

第一章 地理环境

第一节　地理位置与建置

江西地处"吴头楚尾、粤户闽庭",地理环境优越,构成承东启西、倚南面北、通江达海之势,具有壮丽的山川江湖和温暖湿润的气候。

一、地理位置

江西省境位于长江中下游南岸,在北纬24°29′14″~30°04′41″、东经113°34′36″~118°28′58″之间,东邻浙江、福建,南连广东,西靠湖南,北毗湖北、安徽而共接长江,为长江三角洲、珠江三角洲和海西经济区的共同腹地。境内河流水道密布,现代交通网络纵横交错,对外既有九江港可直接与世界其他地区通航,又与东南沿海经济发达地区相邻近。全省东西宽约490千米,南北长约620千米,土地总面积16.69万平方千米,占全国陆地面积的1.74%,居全国第18位,为华东之首。江西省界轮廓北宽南狭,宛如一片舒展的绿叶,境内东西南三面环山,地势周围高、中间低,从外向内,由南向北,渐次向鄱阳湖倾斜,构成一个向北开口的巨大红色盆地。地貌类型以山地、丘陵为主,山地占全省面积的36%,丘陵占42%,平原占12%,水域占10%,素有"六山一水二分田、一分道路和庄园"之说。

二、古今建置

开元二十一年（733），唐玄宗设江南西道，江西省因而得名。江西辖区几经变化，唐贞元四年（788），领洪州、饶州、吉州、江州、袁州、信州、抚州、虔州 8 州，辖 37 县，与今江西省辖区大致相同。五代时期，江西地区先辖于吴，后辖于南唐。宋代改道为路，江西地区设 9 州 4 军 68 县，洪、虔、吉、袁、抚、筠 6 州及临江军、建昌军、南安军隶属江南西路，而饶、信、江 3 州和南康军隶属江南东路。南宋绍兴元年（1131），江州划归江南西路。元朝设江西等处行中书省，辖区包含今江西、广东两省绝大部分地区。明洪武九年（1376），设江西承宣布政使司，领南昌、瑞州、九江、南康、饶州、广信、建昌、抚州、吉安、临江、袁州、赣州、南安 13 府，下辖宁州等 1 州 77 县，境域与今江西省境大致相同。清朝沿用明朝行省制度，清末，江西省设 13 府、1 直隶州，下辖 80 个县级行政区（75 县、1 州、4 厅）。

中华民国元年（1912），宁都直隶州恢复为县。1913 年，改义宁州及莲花、定南、全南、铜鼓 4 厅为县。1914 年，江西省划分豫章、浔阳、庐陵、赣南 4 道，分领 81 县。1926 年，南昌设市，由省直辖。1932 年，实施行政区制度，江西省划有第一至第十三行政区。1934 年，安徽婺源、福建光泽 2 县划入江西。1942 年，江西省行政区调整为第一至第九行政区。1947 年，婺源、光泽分别划回安徽、福建。1949 年 5 月 1 日，中国人民解放军解放婺源，婺源划归江西省。

中华人民共和国成立后，全省行政区划多有变更。1952 年，全省设南昌、九江、鹰潭（后改上饶）、抚州、赣州、吉安 6 个专区和南昌直辖市，管辖 5 个县级市、82 个县和庐山特别区。1990 年，全省设南昌、景德镇、萍乡、新余、九江、鹰潭6个直辖市，上饶、抚州、宜春、吉安、赣州5个地区，下辖99个县级行政区（71个县、15个县级市、13个市辖区）。随着改革开放和城市化进程加快，2000年，全省撤地设市工作完成，赣州、吉安、宜春、抚州、上饶地区先后改为设区市。

截至2023年12月31日，江西省设南昌、景德镇、萍乡、九江、新余、鹰潭、赣州、吉安、宜春、抚州、上饶11个设区市；辖100个县级行政区，其中市辖区27个、县级市12个、县61个，设189个街道、832个镇、560个乡（含8个民族乡）。

第二节　山川大势

一、山脉

省内主要山脉分布于省境边陲，东部和东北部有蜿蜒于赣闽边界、赣浙之间的武夷山与怀玉山；南部有逶迤于赣粤之间的大庾岭和九连山；西部有耸峙于赣湘之间的罗霄山脉，井冈山就在其中段；西北有盘亘于赣鄂之间的幕阜山（庐山属幕阜山东延余脉）和九岭山。

武夷山又名虎夷山，呈东北—西南走向，沿赣闽省界蜿蜒，东北延展接浙赣间的仙霞岭，西南伸至赣粤边界的九连山，南北纵贯，长达550千米，为江西最长的山地。铅山与崇安交界的黄冈山，海拔达2157米，为武夷山主峰，也是中国东南部最高的山峰，号称"华东屋脊"。

大庾岭为南岭中的"五岭"之一，因岭中多梅树，亦称梅岭。大庾岭介于江西的大余、信丰、崇义、全南和广东的仁化、南雄等地之

黄冈山

间，山体大致呈北东—南西走向，并分两支展布：东支沿大余南的赣粤边境绵亘，经信丰后折向东南行，入全南境内与九连山衔接；西支由崇义、大余向西南延伸，在湘粤边陲与诸广山斜交。大庾岭盛产钨等有色金属，尤以岭中西华山钨矿驰名中外，被誉称为"世界钨都"。大庾岭多数地区海拔在600~800米之间，有些山峰海拔达千米，如江西崇义与广东仁化、湖南汝城之间的范水山，海拔为1560米。

九连山绵亘于江西的全南、龙南、定南、安远、寻乌与粤北的翁源、连平、和平等地之间。山体走向大致为东北—西南，略分3支伸展：中支蜿蜒于定南、连平、和平之间，北延至于都与雩山连接；西支盘亘于翁源、

■ 梅关古驿道（摄影 钟失仪）

全南、龙南之间，向西接大庾岭；东支绵延于和平、寻乌、安远等县境，东延与武夷山脉相连。该山地势较高，主峰为江西龙南与广东连平间的黄牛石，海拔 1430 米。

罗霄山脉绵延于赣湘边陲，武功山、万洋山、诸广山等耸峙其中。整个山脉走向大致呈东北—西南走向，地势高峻，海拔多在 1000 米以上。

武功山亦称武公山，属罗霄山脉北支。山体呈东北—西南走向，西起湖南茶陵、攸县交界的杨柳山、岩公山，东至樟树、丰城、新干之交的玉华山，逶迤延绵 290 千米；展布范围介于宜春、分宜、安福、萍乡、莲花、新余、樟树、新干、丰城及湖南茶陵、攸县之间，面积达7000平方千米。该山发育于罗霄—零山褶皱带中的武功山—玉华山隆起区。主峰白鹤峰（又名金顶、葛仙峰，位于萍乡、安福间）海拔达1918米，为江西高峰之一。

万洋山处罗霄山脉中段，山体呈东北—西南走向延伸，大致北起永新，经井冈山，南至万洋山，地势巍峨，重峦叠嶂，主峰南风屏（也称南风面，位于遂川、炎陵间）海拔达2120米，为赣西之屋脊。其他山峰主要有井冈山与湖南炎陵间的江西坳，海拔1833米。屹立于万洋山北端的井冈山是中国第一块农村革命根据地。

二、河流

江西省境内主要有赣江、抚河、信江、饶河、修河五大河系，它们最后都注入鄱阳湖。

赣江 自南而北纵贯全省，以章江和贡水汇合流出赣州而得名。流域面积82809平方千米，占鄱阳湖流域面积51%，其中江西省境内面积81527平方千米，占赣江流域面积98.5%，占全省面积48.8%，主河道长823千米，是江西最大的河流，也是长江流域八大支流中的第四大支流。流域涉及江西、福建、广东、湖南4省60个县（市、区）。

抚河 位于江西省东部，古名汝水。隋开皇九年（589）废郡立州，临川郡改为抚州，故名抚河。流域面积16493平方千米，占鄱阳湖流域面积10.2%；江西省境内面积16470平方千米，占全省面积9.9%。主河道长348千米，流域涉及江西、福建2省16个县（市、区）。

信江 位于江西省东北部，又名上饶江，古名余水，唐代以流经信州而名信河，清代始称信江。流域面积17599平方千米，占鄱阳湖流域面积10.8%，江西省境内面积16576平方千米，占全省面积9.9%。呈不规则矩形。主河道长359千米，流域涉及福建、浙江、江西3省

19个县（市、区）。

饶河 位于江西省东北部，古称番水、鄱水、鄱江，干流与昌江汇合之前称乐安河。流域面积15300平方千米，占鄱阳湖流域面积9.4%，江西省境内面积13144平方千米，占全省面积7.9%。呈鸭梨形。主河道长299千米，流域涉及浙江、安徽、江西3省17个县（市、区）。

修水 位于江西省西北部，古称建昌江，以其水行修远而得名。流域面积14797平方千米，占鄱阳湖流域面积9.1%，占全省面积8.9%，主河道长419千米。西高东低，东西长南北窄，形似芭蕉叶。流域涉及铜鼓等11个县（市、区）。

此外，江西境内河流众多，水网稠密。地表径流赣东大于赣西、山区大于平原。全省集水面积10万平方千米以上的河流有3700条，总长度1.84万千米，大部分河流汇向鄱阳湖，再流入长江，构成以鄱阳湖为中心的向心水系，其流域面积达16.22万平方千米。

三、湖泊

江西大小湖泊400多个，其中面积1平方千米以上湖泊200多个。鄱阳湖是中国第一大淡水湖，为我国十大生态功能保护区之一，国家级自然保护区，号称中国的"大陆之肾"。鄱阳湖连同其外围一系

■ 鄱阳湖——中国最大淡水湖，世界候鸟天堂

列大小湖泊，成为江西省天然水产资源宝库，对航运、灌溉、养殖和调节长江水位及湖区气候起到重要作用。下面重点介绍常年蓄水量在1亿立方米以上的9个大湖泊。

鄱阳湖 位于江西省北部，庐山东麓，地处东经115°49′~116°46′、北纬28°24′~29°46′之间，古称彭蠡湖、彭泽、彭湖。汉代，彭蠡湖在长江以北的湖北广济至安徽枞阳之间，江西境内仅松门山以北有一条狭长的水域，以南为宽广的湖汉平原。隋代以后，因水域扩展到鄱阳县境内而称为鄱阳湖。为吞吐型、季节性淡水湖泊。洪、枯水期的湖泊面积、容积相差极大，湖口水文站水位20.75米时，相应面积为5156平方千米，容积为365亿立方米；湖口水文站水位4.06米时，相应面积仅146平方千米，容积为4.5亿立方米。流域面积16.22万平方千米，占长江流域面积9%，省境内面积15.67万平方千米，占鄱阳湖流域面积97%，占全省面积94%。

军山湖 位于进贤县，赣江（南支）、抚河、信江河口三角洲南侧，地处北纬28°24′～28°38′、东经116°15′～116°28′之间，周围河港纵横交织。原为鄱阳湖南部一大湖汊，湖盆由南向北倾斜。1958—1959年在三阳街至泸浔渡方向建筑长3.3千米、堤顶高23.5米、顶宽6.0米的混凝土堤坝。大堤东北端建水闸2座，将湖汊与鄱阳湖隔断，湖汊从此变为水库型湖泊。湖形极不规则，岸线曲折。水位高18米，南北长25米，最大宽18.2米，平均宽7.7米，面积192.5平方千米，最大水深6.4米，蓄水量为7.66亿立方米。

珠湖 位于鄱阳县，地处北纬29°04′～29°12′、东经116°34′～116°45′之间。原为鄱阳湖东部一大湖汊。20世纪60年代筑堤建闸，与鄱阳湖隔断，成为水库型湖泊。湖内不同水域有不同的名称，以王家渡—瓢里山—渡口村一线为界，以西水域称为外珠湖，以东水域俗称内珠湖。湖泊呈枝汊形，曲折多弯。水位高18米，长13.5千米，最大宽9.5千米，平均宽5.98千米，面积80.8平方千米，最大水深7.1米，平均水深5.72米，蓄水量4.62亿立方米。

新妙湖 位于都昌县，地处北纬29°20′～29°25′、东经116°08′～116°15′之间。原为鄱阳湖北部一湖汊。20世纪50年代筑堤建闸后与鄱阳湖隔断，成为独立的内湖。湖形极不规则，呈枝杈状。水位18.00米，长10.55千米，最大宽6.5千米，平均宽4.53千米，面积47.79平方千米，最大水深8.23米，平均水深5.23米，蓄水量2.5亿立方米。

赤湖 位于九江市，东部属柴桑区，西部属瑞昌市，地处北纬29°44′～29°50′、东经115°37′～115°44′之间。原为江河冲积后的沼泽区，后经筑坝围垦，形成河迹洼地型淡水湖，原有面积100.4平方千米，围垦后面积为80.4平方千米。相传因赤松子曾于此游住而得名。水位 16.0 米，长 12.0 千米，最大宽 7.5 千米，平均宽 6.7 千米，最大水深为 3.5 米，平均水深为 2.8 米，蓄水量为 2.23 亿立方米。

赛湖 又名赛城湖，位于九江市柴桑区，地处北纬 29°39′～29°42′、东经 115°45′～115°55′之间。为河迹洼地淡水湖。由赛湖、长港湖、大城门湖等子湖组成。湖泊形态极不规则。水位高 17.5 米，长 14.0 千米，最大宽 6.5 千米，平均宽 4.38 千米。原有面积 84.56 平方千米，围垦后面积 61.32 平方千米。最大水深 3.4 米，平均水深 2.24 米，蓄水量约 1.4 亿立方米。

陈家湖 位于进贤县赣江（南支）、抚河、信江复合三角洲南侧的水网区，地处北纬 28°36′～28°41′、东经 116°21′～116°25′之间。原为鄱阳湖南部金溪湖湖湾中一湖汊。1957 年筑堤建闸，变为水库型湖泊。水位高 19 米，长 8.8 千米，最大宽 5.0 千米，平均宽 2.5 千米，面积 22.0 平方千米，最大水深 6.15 米，平均水深 5.45 米，蓄水量 1.2 亿立方米。

南北湖 位于湖口县，地处北纬 29°38′～29°42′、东经 116°12′～116°16′之间。原为鄱阳湖两个毗邻湖汊，位于南部者称为南港口，面积略小，位于北部者称为北港湖，面积较大。南港口又称西仓湖、北港湖又名劳度湖。20 世纪 60 年代，于南港口、北港湖连接处外侧筑堤建闸，两湖合二为一，成为独立的水库型湖泊，统称为南北湖。湖泊呈"V"字形，湖盆为锅底状，岸坡陡峭。水位 18.0 米，长 7.2 千米，最大宽 7.0 千米，平均宽 3.43 千米，面积 24.73 平方千米，最大水深 8.2 米，平均水深 4.65 米，蓄水量 1.15 亿立方米。

太泊湖 位于彭泽县东北部，地处北纬 29°25′～30°02′、东经 116°40′～116°46′之间，地跨江西省彭泽县、安徽省东至县，北临长江。为河迹洼地型淡水湖。湖泊呈长茄形，水位高 15.0 米，长 13.0

千米，最大宽 3.2 千米，平均宽 1.6 千米，面积 20.7 平方千米，最大水深 7.0 米，平均水深 5.0 米，蓄水量 1.04 亿立方米。

第三节　气候特点

江西处于南岭以北，长江以南，纬度偏低，距海不远，属于亚热带季风湿润气候。全省气候温和，雨量充沛，光照充足，冰冻期短，无霜期长。2023 年平均气温 19.1℃，与常年相比偏高 0.8℃，为 1961 年以来同期第二高位，全省共有 58 个县（市、区）为历史前三高位；全省平均降水量 1576.3 毫米，与常年（1718.9 毫米）相比偏少 8.3%。全省平均日照为 1626.3 小时，与常年（1600.0 小时）相比偏多 26.3 小时；全省大部分地区为 1400～1800 小时，赣北、赣中西部地区超 1800 小时。全省春季寒冷多雨，天气多变；春夏之交冷暖气流交汇，梅雨连绵；夏季多受到副热带高压控制，盛行偏南风；夏秋之季，气流单一，晴热干燥；冬季常受西伯利亚（或蒙古）冷高压影响，盛行偏北风，阴冷低温。气候主要特点是春寒夏热，秋燥冬冷，四季分明，但春秋季短、夏冬季长。

一、气温、光能与风能

气温

江西省年平均气温为 16.2～19.7℃，按照候温（5 天平均气温）低于 10℃为冬季、高于 22℃为夏季、10℃～22℃为春季、22℃～10℃为秋季的参照标准，江西的春季只有一个半月到两个月，秋季也只有两个月，而夏季则长达四个月到四个半月。7 月份最热，从鄱阳湖滨到赣南盆地，平均气温多为 29～30℃，南北差别不大，最高气温几乎都在 40℃以上。1953 年修水曾达到过 44.9℃（8 月 15 日），玉山出现过 43.3℃（8 月 10 日）。全年日最高气温超过 35℃的天数，除鄱阳湖滨受湖水调节和"三南"（龙南、全南、定南）等植被条件较好的地区为 10～20 天外，其他地区都在 20 天以上，尤其是赣东北和赣江中下游地区，多的长达 40～50 天，比长江流域"三大火炉"（南京、武汉和重庆）有过之而无不及。

江西冬季比较温和，最冷的 1 月份平均气温也有 3.7～5℃。但南北差异较大，九江市为 4.5～5℃，赣南盆地和"三南"一带为 8～8.7℃。从最低气温来看，九江大部分地区为 −14～−12℃。1969 年 2 月 6 日彭泽县还出现过 −18.9℃的全省最低气温值。赣南的最低气温为 −5℃左右，全省其他地区一般在 −12～−7℃之间。全省平均无霜期为 241 至 304 天，赣南最长，武宁县最短。

光能

江西光能资源比较丰富。全省年平均太阳总辐射量为 97.0～114.5 千卡/平方厘米。都昌县最多，铜鼓县最少。最多的集中区域在鄱阳湖附近到浙赣铁路，以及南丰到赣南盆地（包括瑞金）一带，年平均在 110 千卡/平方厘米以上。最少的集中区域在修水、铜鼓和萍乡一带及崇义附近山区，年平均小于 100 千卡/平方厘米，其他各地均在 100～110 千卡/平方厘米之间。

全省年平均日照时数为 1473～2078 小时。都昌县最多，崇义县最少。最多的集中区域在鄱阳湖北岸，年平均达 2000 小时以上，赣西山区（基本包括修水—萍乡—宁冈—大余以西地区）较少，年平均不到 1600 小时，其他各地均介于 1600～2000 小时之间。

风能

江西省年平均风速为 1.0～3.8 米/秒（不含庐山）。最大为 3.8 米/秒，出现在庐山市；最小为 1.0 米/秒，出现在德兴市。

全省年平均大风日数为 0.5～28.5 天（不含庐山）。最多为 28.5 天，出现在庐山市；最少为 0.5 天，出现在宜黄县。全省风能资源较为丰富的地方，主要在鄱阳湖滨、赣江和抚河下游，以及高山顶和峡谷地带，年平均风速在 3～5 米/秒。

二、降水及其变化趋势

降水

江西是全国多雨省区之一，年均降水量可达 1341.4～1934.4 毫米。从地区分布来看，一般东多西少，南多北少，山区多盆地少。武夷山、怀玉山和九岭山一带是多雨区，年均降水量多达 1700～1900 毫米，以资溪县最多。长江南岸的彭泽、滨湖的德安附近和吉泰盆地的泰和一带是少雨区，年均降水量为 1350～1400 毫米，以德安县最少。其余大部分地区在 1500～1700 毫米之间。

降水量变化趋势

1978—2020 年，江西省平均降水量为 1677.7 毫米，呈略增多的变化趋势，平均每十年增加 44.3 毫米。平均年降雨日数（日降水量 ≥ 0.1 毫米）为 158 天，呈变少趋势，平均每十年减少 5 天。其中降雨日数排名前三位的是 1997 年（186.9 天）、2012 年（182.4 天）和 2015 年（178.3 天）。

第二章　自然资源

第一节　土地

江西省土地面积16.69万平方千米，其中山地和丘陵面积占78%，岗地、平原、阶地、水面占22%。以山地、丘陵为主的地形特点决定江西土壤的分布特点。以红壤为基带的山地土壤呈垂直分布规律，广大丘陵区紫色土、石灰土、粗骨土、石质土等与红壤形成不同复区，平原区水成和半水成土壤以及人为水稻土分布最广。

江西省土壤类型比较丰富，共分为13个土类，23个亚类，92个土属，251个土种。主要有红壤、黄壤、山地黄棕壤、山地草甸土、紫色土、湖土、石灰土、水稻土等。其中，红壤是全省分布范围最广的地带性土壤；黄壤土主要分布于山地中上部，分布面积约占全省总面积的10%；山地黄棕壤主要分布于海拔1000米以上的山地；山地草甸土主要分布于海拔1400米以上的高山顶部，面积很小；紫色土主要分布于赣南、赣东和吉泰盆地，常与红壤交错分布，面积约占全省总面积的3.3%；湖土主要分布于鄱阳湖、长江沿岸和五大河谷平原；石灰土分布面积不大，零星分布于彭泽、德安等石砂岩地区；水稻土是全省最主要的耕作土壤，占全省总耕地面积的80%以上，土地资源利用以耕地、林业用地和养殖水域为主要形式。2023年，全省耕地271.85万公顷（4077.75万亩），林业用地1034万公顷（15510万亩），淡水养殖面积40.7万公顷（610.5万亩）。

第二节 矿藏

江西省位于扬子—华夏成矿域与滨太平洋成矿域复合地带，矿产资源丰富，矿种较齐全。已查明有资源储量的矿产153种，保有资源量居全国前十的有80种，其中重稀土矿约占全国2/3，钨矿、铜矿、钽矿、锂矿（Li_2O）、普通萤石分别占全国总量的46.8%、9.7%、41.6%、22.7%、15.4%，在全国乃至全球具有重大影响力。钨、稀土、金、银、铀、铜、钽组成了最具优势的"七朵金花"。

列入《江西省矿产资源储量表》的有125种，矿产地1427处，涵盖能源矿产、金属矿产、非金属矿产及水气矿产4大类。各种矿产保有资源储量在全国排序中，居全国前三位的有铜、钨、银、钽、钪、

崇义章源钨业公司淘锡坑钨矿井下采矿

铀、锆（铪）、铷、碲、铯、锂、金、伴生硫、麦饭石、光学萤石、滑石、粉石英、陶瓷土、化工用白云岩、硅灰石等，有近四分之一（共32种）矿产资源保有储量居全国前五位。

第三节　生物

一、动物

江西动物资源丰富。无脊椎动物类群主要有人体寄生虫、淡水蟹类、农业螨类、蜘蛛类、昆虫类、贝类等，脊椎动物类群主要有鱼类、两栖类、爬行类、鸟类、哺乳动物类等。

无脊椎动物　江西无脊椎动物种类繁多，其中，有记录的昆虫近5000种，淡水蟹类32种，软体动物120种，并广泛分布着蛛形纲动物。江西省淡水蟹类物种组成十分丰富，已知淡水蟹类共有32种。其中，束腰蟹属、华溪蟹属、华南溪蟹属和博特溪蟹属分别计有6、18、7和1个物种。

脊椎动物　江西已知的脊椎动物1000余种。其中，鱼类200余种，两栖类60余种，爬行类100余种，鸟类近600种，哺乳动物100余种。江西鱼类以鲤形目鲤科物种最多，其次是鲇形目鲿科物种。其中，中国特有种有133种，国家一级重点保护水生动物2种（白鲟、中华鲟），国家二级重点保护水生动物2种（胭脂鱼、唐鱼），省重点保护动物7种。江西国家一级、国家二级重点保护鸟类分别有30种、115种；省重点保护鸟类97种；中国特有种15种；《世界自然保护联盟濒危物种红色名录》极危物种4种，濒危物种11种，易危物种24种；《濒危野生动植物种国际贸易公约》附录Ⅰ物种14种，附录Ⅱ

物种61种。鄱阳湖是亚洲最大的候鸟越冬栖息地，每年吸引着70多万只候鸟越冬。国家一级保护鸟类东方白鹳、黑鹳、白头鹤、白鹤在鄱阳湖越冬，平均每年冬季大约有3000多只东方白鹳在鄱阳湖越冬，越冬种群数量基本稳定。白鹤是江西省的省鸟，在鄱阳湖越冬的白鹤种群达到4000多只。国家一级保护鸟类还有中华秋沙鸭、黄腹角雉、白颈长尾雉等，其中黄腹角雉是中国特产的一种鸟，江西省是唯一保存有黄腹角雉东部组与西部组成分的省份。

江西哺乳动物绝大多数为陆栖哺乳动物。其中，国家一级重点保护野生动物有云豹、豹、华南虎、林麝、华南梅花鹿、黑麂、白鳍豚等7种，国家二级重点保护野生动物包括猕猴、藏酋猴、金猫、斑灵狸、大灵猫、小灵猫、豺、黑熊、水獭、黄喉貂、水鹿、獐、中华鬣羚、中华斑羚、中国穿山甲、江豚等16种。中国特有品种有10种，极度濒危物种1种，濒危物种4种，易危物种6种，被列入《濒危野生动植物种国际贸易公约》16种。

二、植物

江西是中国植物资源较为丰富的省区之一，在全国植物区系中占有重要地位。江西植被覆盖率高，且类型繁多。

植物类群 江西植物生物多样性非常显著。已知有高等植物6337种，其中苔藓类植物1141种（含种下等级，下同），石松类和蕨类植物488种，裸子植物36种，被子植物4672种。江西有国家一级保护野生植物中华水韭、落叶木莲、银杏、资源冷杉、水松、红豆杉、长喙毛茛泽泻、伯乐树、莼菜等9种，国家二级保护野生植物华南五针松、金钱松、鹅掌楸、长序榆、连香树、长柄双花木等46种。列入《江西省重点保护野生植物名录》的有150种（科、属），

■ 油岭红豆杉（摄影 冷伍敏）

其中省一级保护4种（科），省二级保护26种（属），省三级保护120种。

　　植被　江西的自然植被型主要有6个植被型组、14个植被型和160多个主要群系。植被型主要有温性针叶林、暖性针叶林、针阔混交林、常绿阔叶林、常绿针叶林、落叶阔叶混交林、落叶阔叶林、竹林、山顶矮林、灌丛、灌草丛、沙地植被、草甸、沼泽、水生植被。人工植被在江西的植被中占有重要的地位，规模较大的人工林主要有杉木林、马尾松林、湿地松林和毛竹林。

　　外来植物　江西的各类公园、树木园、植物园等，对江西引进植物发挥着重要作用，尤其是庐山植物园、赣南树木园及南昌市各大公

■ 庐山植物园（摄影 欧阳萍）

园。庐山区域是江西引进植物的重要口岸。庐山共有外来植物 2285 种，这些植物的来源非常广泛，绝大多数来自人为引种，原产地遍布除南极洲外的全球各大洲，部分植物成为江西具有重要价值的植物，如脐橙、马尼拉草、日本柳杉等。

珍稀濒危植物与古树　江西珍稀濒危保护植物种类非常丰富，但种植分配极不均匀。根据 1987 年的《中国珍稀濒危保护植物名录》，全省有 34 科 55 属 66 种，占全国总数的 16.97%；根据 1999 年的《国家重点保护野生植物名录》，全省有 31 科 43 属 52 种，占全国总数的 12.41%；综合两个名录，全省共有国家级珍稀濒危及重点保护植物 43 科 69 属 87 种。省级重点保护植物有 148 种和 3 个分类群。全省珍稀濒危保护植物有不少单种和寡种科属，如钟萼木、领春木、连香树、金钱槭等；大部分裸子植物是古老类群，全省也有不少分布，如银杏、苏铁、篦子三尖杉等；蕨类也是古老类型，如桫椤属的几种及金毛狗、水蕨属等。其次，除古老孑遗的寡种属和单种属外，全省绝大部分珍稀保护植物是单种属，统计有近90%的属仅含1个种。江西省共有129423株古树名木，其中：一级保护古树9110株，二级保护古树21687株，三级保护古树97834株，名木792株。构成这些古树的物种主要有樟树、苦槠、南方红豆杉、银杏、枫香、木荷、罗汉松、黄檀、枫杨、柏树等。

三、微生物

江西已知大型真菌有2门9纲88科204属545种，其中食用菌87种，药用菌68种，毒菌45种，食药兼用菌40种。食用菌主要有鸡油菌、橙盖鹅膏菌、牛肝菌属、红菇属、木耳、漏斗大孔菌、香菇、侧耳等。药用菌主要有树舌灵芝、黄多孔菌、木蹄层孔菌、硫色绚孔菌、金耳、竹黄、麦角菌、裂褶菌、毛草盖菌、红栓菌、硫黄菌、隐孔菌、牛舌菌等。毒菌主要有苦粉孢牛肝菌、毒鹅膏菌、点柄臭黄菇、小美牛肝菌、角鳞灰鹅膏菌、冠状环柄菇等。

发生在江西省境内的病害微生物主要有35种，分为三类，其中细菌5种，真菌6种，病毒24种，主要感染植物、动物及人类，并引发各种病症。

第三章 生态文明

自古以来，江西的名山秀水让众多的文人墨客豪情迸发。"落霞与孤鹜齐飞，秋水共长天一色"，唐代王勃的诗句让江西美景声名远扬。"我见青山多妩媚，料青山见我应如是"，南宋辛弃疾在江西铅山写下这句词，讴歌大自然保有的田园牧歌式的美，也是江西风景优美、生态良好的历史佐证。江西人并不满足于祖先留下的生态遗产，从山江湖工程向鄱阳湖生态经济区建设延伸，再到国家生态文明试验区建设，进行了许多有益的探索，为打造美丽中国"江西样板"打下坚实基础。

第一节 生态环境优势

一、生态区位独特

江西东南西三面环山，形成天然屏障，中部丘陵起伏、盆地舒缓、河流纵横、北部低洼、湖泊棋布。境内大小山脉间流淌出2000多条细支流，渐渐汇集成贯穿全省的赣江、抚河、信江、饶河、修河等江河水系，它们大多在北面汇集，注入鄱阳湖。山、江、湖之间密切关联，构成一个相对独立的水陆生态大系统，不易受外来污染的干扰。只要注重生态环境保护，科学合理地进行开发，既可产生系统的生态效益、经济效益，又可有效地防止和阻断区域外的污染影响。

二、生态条件优越

江西山清水秀、天蓝地绿，拥有一流的空气、一流的水质、一流的人居环境，"青山绿水一幅画，白云深处有人家"是江西优越生态环境的真实写照。全省森林覆盖率由1983年的33.1%上升到目前的63.1%，居全国第2位；国家森林城市、国家园林城市实现设区市全覆盖，天然氧吧遍及各地；全省空气优良天数比率达96.5%，$PM_{2.5}$平均浓度29微克/立方米，两项指标大大优于全国平均水平，居中部六省第一位。国考断面水质优良比例97%，再创历史新高。特别是全国最大的淡水湖——鄱阳湖保持了清澈纯净，其水质为五大淡水湖之冠。全省大气质量、地表水质、湿地面积、生物多样性等各项生态指标均处在全国前列，被称为"中国最绿的省"之一。而生态环境的不可替代性和不可移动性，使之成为当今世界极为宝贵的资源，是人才、技术、资金、信息等流动性资源趋附的最佳载体，有利于加快推进绿色崛起。

三、生态资源丰富

江西工业起步较晚，在实施工业化核心战略之时，及时树立起"既要金山银山，更要绿水青山"的绿色发展理念，注重保持空气、水源、土壤的洁净，发展绿色产业的综合性生态条件在全国首屈一指。江西山地和丘陵面积大，山野间蕴藏着巨大的绿色宝库。全省森林蓄积量达到7.91亿立方米，居全国第一方阵，油茶和毛竹产量位列前茅，天然宜牧草地333.3万公顷，在江南及华东地区均居首位。生物资源种类位于全国前列，全省已知的高等植物6337种，在保护生态环境的前提下，适宜开发绿色食品、绿色竹木制品、绿色建材和绿色工业原料。江西淡水可养殖水面大,是全国十大淡水养殖省份之一,这些水面水质好、污染少,有利于发展对水质等生态环境要求高的特种水产品养殖业,2023年,全省淡水产品产量296.7万吨,居全国第四位。许多县(市、区)拥有温泉,全省温泉数量居全国第7位;水能、风能、太阳能资源丰富,发展绿色能源的前景广阔。江西风景独好,处处佳山丽水与名胜古迹交相辉映,历史文化与绿色生态浑然一体,自然风光与民俗风情相映成趣,优美田园与乡村悠韵和谐如画,是一处自然天成与人文造化完美结合的旅游胜地。"一山飞峙大江边"的庐山,将历史遗产遗迹以其独特的方式融入自然美景中,千载悠然称奇;革命摇篮井冈山,峰险林幽、俊伟缥缈、高耸入云,万紫千红的山花为这块圣地增添了无穷的魅力;松石画廊三清山,美如仙境,被称为"世界精品、人类瑰宝";道教祖庭龙虎山,以源远流长的道教文化、多姿多彩的丹山碧水和千古未解的崖墓之谜闻名中外,有"天下绝景"之誉;千年瓷都景德镇是中国的亮丽名片……绿色、红色、古色资源遍布全省。旅游资源位居全国前列,为绿色、低碳、可持续的旅游业大发展提供了得天独厚的条件。

第二节　山江湖开发治理

1982年,省政府成立赣江规划委员会;1984年初,针对赣江流域和鄱阳湖区不断恶化的生态环境状况和贫困问题,省委、省政府成立"江西省赣江流域与鄱阳湖区治理开发协调小组",1985年改为"江西省人民政府赣江流域与鄱阳湖区开发治理领导小组",1991年改组为江西省山江湖开发治理委员会,为省委、省政府统筹协调山江湖开发治理重大事项、推进山江湖工程建设的议事协调机构，委员会下设办公室，为江西省山江湖开发治理委员会办事机构；1994年，省委、省政府将该办公室由省科技厅直属事业单位（处级）升格为省政府副厅级直属事业单位；2016年5月起，江西省山江湖开发治理委员会办公室的主管部门由原来的江西省科技厅改为江西省发展和改革委员会。

一、山地丘陵综合开发

根据红壤丘陵山区的特点，山江湖开发治理采用植被恢复、水土保持、生态农业建设等生物和工程措施治理山地丘陵、防治水土流失、发展生态产业、提高森林质量、修复矿区生态环境、营造生态屏障。

小流域综合治理 小流域综合治理是山江湖开发治理的重要内容。采取生物、工程、耕作三大措施相结合，分别在赣南山区、赣中丘陵和鄱阳湖区建立了不同类型的治理典型。

水土流失综合治理工程 根据江西省水土流失情况，国家先后在"五河"上中游地区和鄱阳湖区以国家财政投入为主、地方配套为辅、农民投劳计酬的方式实施了一系列大型水土流失综合治理工程。其中包括赣江流域水土流失治理、农业开发水土保持工程、鄱阳湖流域水土流失综合治理。

退化森林恢复与保护 1989年，江西启动造林灭荒工程，至1994年11月，全省共完成荒山造林面积214.57万公顷。1995年实施"山上再造"工程，至1997年，全省完成造林62.61万公顷。1989年国家启动长江中上游防护林体系建设工程建设，2010年结束，江西共完成造林147.79万公顷。

经济果林开发 1991年，江西启动果业工程、生态茶园建设和油茶产业低改，缓解了红壤丘陵地区水土流失问题。

生态农业　根据区域性特点和当地自然条件，创立多种各具特色的生态农业经济模式，主要有：庭院经济、稻田养鱼、"猪—沼—果"立体开发、山塘水库立体养殖、生态种养、间作套种、农田林网、观光休闲采摘农业。

农业科技园区建设　全省有南昌、井冈山、新余、上饶、丰城、赣州、宜春、九江和萍乡等9个国家级农业科技园区，省级农业科技园超过100家。

二、"五河"开发治理

"五河"系指江西境内的赣江、抚河、信江、饶河、修河五条主要河流及其流域。在"五河"开发治理中，注重防洪排涝、加固圩堤、加强防汛、重视抗旱，有序开发利用水资源。

防洪工程　五河流域共修筑大小圩堤4000多座，堤线总长9000多千米。1998年特大洪水之后，在国家有关部委的支持下，全省11个设区市的城市防洪得到加强，主要分蓄洪区包括鄱阳湖区的五处分洪区、赣江下游泉港分蓄洪区和抚河下游箭江分洪区等得到加固。疏浚河湖、加固干堤，建设排涝工程，整治河道，利用水资源梯级开发。

灌区建设　1997年，赣抚平原灌区开始启动大型灌区续建配套与节水改造工程，各地持续改善农田灌溉条件，截至2023年底，全省已建成万亩以上灌区300多座，有效灌溉面积213.3万公顷。

农田水利基本建设　1998年全省开工各类水利工程7万余座（处），完工6.85万座（处）。2009年全省20个小型农田水利重点县建设计划批复总投资6.19亿元，新增和恢复灌溉面积3.96万公顷，改善灌溉面积8.24万公顷。党的十八大以来，全省实施高标准农田建设，建成大批农田水利工程。2023年，全省已拥有各类水利水电工程近40万处。

三、鄱阳湖区开发治理

20世纪80年代，鄱阳湖区面临洪旱灾害、地力下降、水资源破坏、耕地面积下降和血吸虫病等"五大挑战"，其开发治理的基本指导思想是"驯服五河，协调江湖"，开发水资源，保护和恢复生态，重点在防洪、治涝、治沙、防治血吸虫病等方面。

开发治理工程　山江湖工程利用国际援助、国家和省投资，在湖区规划实施一系列重点开发治理工程。主要有：山江湖"111"专项计划、中德造林项目、低洼荒地发展水产养殖项目、鄱阳湖区防洪工程、中南农业综合开发项目、吉湖项目。

荒漠化风沙化治理　1988年1月，省山江湖委办将新建县（今新建区）厚田乡沙岗作为基地，建立"亚热带湿润地区风沙化土地综合开发治理试验站"，以治沙为本，林草先行，种草养畜改良土壤，种植高效果树、经济作物和蔬菜等，试验站33公顷沙地得到治理并取得经验。之后，启动南昌、彭泽、铅山、新建、都昌、星子等县的治沙造林示范项目，带动鄱阳湖区域沙化土地治理取得良好效果。

生态血防　1990年，山江湖工程在瑞昌市官田湖实施"治虫与治穷"结合的生态血防试验示范。通过疏通和拉直入湖河流——南阳河，以水产养殖为龙头带动农业综合开发；兴林灭螺，把农业综合开发与治虫、治水相结合，改变钉螺滋生环境，最终达到控制血吸虫病的目的，找到一条控制血吸虫病与发展经济相结合的新路径。2000年，南昌、都昌等地六个村实施农业综合开发、改水改厕、改善生活环境和健康教育相结合的控制血吸虫病的试点，血吸虫病流行态势得

上高的高标准农田（摄影 黄学明）

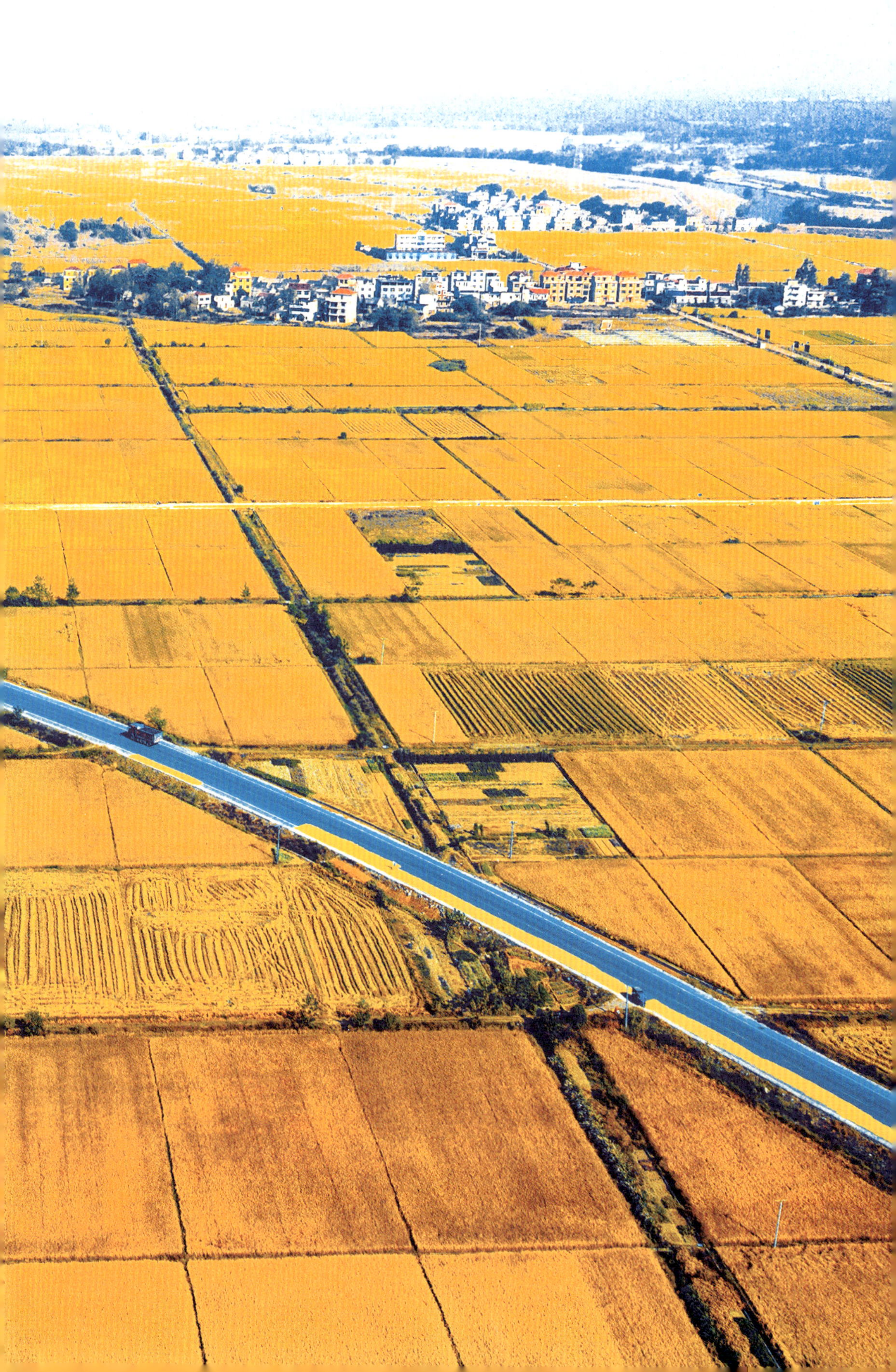

到有效遏制。2005年在进贤县的三里乡开展"改水改厕、以机代牛、封洲禁牧"为核心，辅之调整农业产业结构、强化健康教育等措施控制血吸虫病的继续流行。措施在一年后收到显著效果。广大疫区干部群众总结推广血吸虫病防治经验，从源头着手，积极消灭钉螺、治疗病人病畜等，血吸虫病传染源得到有效控制，血吸虫病患者得到及时治疗，湖区生态环境不断改善，民众身体素质和健康水平明显提高。

灾后重建工程　1998年特大洪灾过后，国家总计补助35.32亿元，分四批下达江西实施"平垸行洪、退田还湖、移民建镇"计划，共完成移民22.1万户90.82万人，平退圩堤418座，"还江还湖"实现水面面积增加1182平方千米、鄱阳湖蓄洪容积增加46亿立方米，同时将居住在列入"平退"名单的圩垸内及临河濒湖、频受洪涝威胁的洲滩民垸中的居民搬迁至不受洪涝影响的地方。

退田还湖　1998年后，由国家发展计划委员会牵头制定长江中游地区退田还湖、移民建镇规划，其中，江西所破（退）堤垸、安置人口等占整个规划的一半左右，即破（退）堤垸234个，新建村镇500个，安置户数11.5万户，安置人口46万人，单退人口28.3万人，资金补助17.25亿元。2002年5月，省水利厅编制完成《江西省平垸行洪、退田还湖工程措施总体实施方案》，方案要求平退圩堤418座（实际实施417座），平退工程概算总投资为3.92亿元，2007年4月20日完工。

移民建镇　1998年，江西成立移民建镇工作指挥部，省建设厅编制《江西省灾后重建村镇规划纲要》。在规划实施过程中，做到统一规划、统一放线、统一监控，自选房型，美化房屋外观、绿化村镇环境。至2005年，全省基本完成22.1万户、90.82万人的移民建镇任务，占总任务的 99.9%，累计投入资金 60.8 亿元，共搬迁村镇 2665 个，新（扩）建集镇 126 个，新建中心村 363 个、自然村 2097 个，新建住宅 2520 万平方米，其他建筑 516 万平方米，人均住宅建筑面积由原来不足 20 平方米提高到 27.7 平方米。此后，完成了扫尾、补验、资金终结审计、问题督查、资料整理归档，进入建章立制和后续管理的新阶段。移民建镇改变了以往的救灾思路，改救命为致富，变抗灾为生态建设，实现了社会、经济、环境三个效益统一，不仅拉动了经济发展、改善了人居环境，而且结束了围湖造田时代，使经济和社会走上了可持续发展的道路。

大水面开发 在山江湖工程"111"专项计划的支持下，重点在余干、进贤、永修、德安、上高等地实施大水面开发，一方面消灭血吸虫病，一方面利用大水面养殖脱贫致富。

扶贫探索 除治山治水造福百姓外，山江湖开发治理还有一项艰巨的任务就是帮助农民脱贫致富。在具体操作中，让农民掌握实用技能，通过技术扶贫、产业扶贫等方法促使贫困地区人民摆脱贫困，实现全面小康。

第三节　鄱阳湖生态经济区建设

鄱阳湖是中国最大的淡水湖，是国际性的重要湿地，是江西人民的"母亲湖"。鄱阳湖生态经济区以全省 30% 的国土面积，承载了全省近 50% 的人口，经济总量占全省 60% 以上。

2009 年 12 月 12 日《鄱阳湖生态经济区规划》（以下简称《规划》）得到国务院正式批复，这是国务院批复的第一个以绿色发展为主题的区域性规划，是江西省第一个被列为国家战略的区域性发展规划。12月31日，国家发展改革委印发《国家发展改革委关于印发鄱阳湖生态经济区规划的通知》，请国务院各部门加强对鄱阳湖生态经济区建设的指导和协调。

鄱阳湖生态经济区范围包括南昌、景德镇、鹰潭3市，以及九江、新余、抚州、宜春、上饶、吉安的部分县（市、区），共38个县（市、区），国土面积5.12万平方千米，2008年地区生产总值3948亿元，年末人口2007万人。国务院批复《规划》以来，江西省大力推进鄱阳湖生态经济区建设，初步走出一条科学发展、绿色崛起的路子，引领全省发展升级的龙头作用逐步显现，鄱阳湖生态经济区建设各项任务进展顺利。2015年，国家发展改革委委托中咨公司对规划实施情况进行评估。评估认为规划指标基本完成，"一湖清水"下泄长江正在努力成为现实。鄱阳湖水生态环境全面改善。鄱阳湖流域森林覆盖率稳定在63.1%，提高2个百分点；鄱阳湖天然湿地面积稳定到3500平方千米，增加400平方千米；鄱阳湖入湖河流断面水质优良率除赣江为98.3%之外，抚河、信江、饶河、修河等河流断面水质优良率均为100%；扭转了湖体水质早期下滑态势，2020年鄱阳湖点位水质优良比例为41.2%，比2015年提高23.6个百分点；长江九江段水质和直入长江河流水质优良率均为100%；鄱阳湖冬季越冬候鸟比2008年增加一倍，江豚的数量和活动水域范围不断扩大。在生态环境转好的同时，经济实现较大发展。江西省主要经济指标增幅持续保持全国第一方阵，三次产业结构由16.4∶52.7∶30.9，优化为7.6∶40.0∶52.4。

第四节　国家生态文明试验区建设

一、建设过程

2016年，中共中央办公厅、国务院办公厅印发《关于设立统一规范的国家生态文明试验区的意见》，将福建、江西和贵州列为全国首批国家生态文明试验区，为全国生态文明体制改革探索路径、总结经验。2017年，《国家生态文明试验区（江西）实施方案》印发，试验区建设进入全面铺开和加速推进阶段。

2017年5月12日，水利部部长就江西出台流域生态补偿办法作出批示：江西作为中部省份、革命老区，在全国率先出台覆盖全境的流域生态补偿办法，经过一年多实践，已初见成效，值得鼓励和肯定。江西在流域生态补偿制度上的探索和创新，有许多好经验、好做法值得学习借鉴推广。

2017年5月15日，省委办公厅、省政府办公厅印发《江西省生态文明建设目标评价考核办法（试行）》。

2017年9月，中共中央办公厅、国务院办公厅正式印发《国家生态文明试验区（江西）实施方案》，将江西生态文明建设纳入国家部署，率先开展生态文明体制改革试验。明确了要建设山水林田湖草综合治理样板区、中部地区绿色崛起先行区、生态环境保护管理制度创新区、生态扶贫共享发展示范区。重点任务包括山水林田湖草系统保护与综合治理制度体系、最严格的生态环境保护与监管体系、促进绿色产业发展的制度体系、环境治理和生态保护市场体系、绿色共治共享制度体系、生态文明绩效考核和责任追究制度体系。9月30日，省委、省政府印发《关于深入落实〈国家生态文明试验区(江西)实施方案〉的意见》。

2017年11月14日,省生态文明建设领导小组2017年第二次会议召开。会议决定将江西省生态文明建设领导小组调整为江西省国家生态文明试验区建设领导小组(江西省生态文明建设领导小组);通过《领导小组工作规则》《省生态文明办工作规则》;审议并通过《江西省流域生态补偿办法》。

2018年4月2日,《江西省湖泊保护条例》通过,条例自2018年6月1日起施行。同年,先后印发《江西省流域生态补偿办法》《江西省人民政府关于发布江西省生态保护红线的通知》《关于全面推行林长制的意见》《关于江西省自然资源资产负债表编制制度(试行)》《江西省山水林田湖草生命共同体建设行动计划(2018—2020)》等重要政策、文件。

2018年11月29日—12月3日,江西省国家生态文明试验区建设成果在第五届世界绿色发展投资贸易博览会上展出。

2019年9月28日,《江西省生态文明建设促进条例》通过。年内,先后印发《江西省建立省内流域上下游横向生态保护补偿机制实施方案》《关于深化全省生态环境保护综合行动执法改革的实施意见》《南昌市山水林田湖草生命共同体示范区建设总体方案》《领导干部自然资源资产离任审计项目操作规程(试行)》,并制定《江西省长江保护修复攻坚战工作方案》。

2019年9月18日,国家长江办印发《关于支持江西九江开展长江经济带绿色发展示范的意见》《关于支持江西抚州开展生态产品价值实现机制试点的意见》,江西省成为沿江11个省(市)中唯一获得长江经济带战略两个国家级试点示范的省份。11月20日,国家发展改革委公布《生态综合补偿试点方案》，江西省被确定为10个国家生态综合补偿试点省份之一。

2020年，《国家生态文明试验区改革举措和经验做法推广清单》印发，文件推广的国家生态文明试验区改革举措和经验做法共90项，其中，江西有35项改革举措和经验做法被纳入《国家生态文明试验区改革举措和经验做法推广清单》。赣州市石城县、吉安市井冈山市、抚州市资溪县、宜春市铜鼓县、上饶市婺源县被列入国家发展改革委生态综合补偿试点县名单。萍乡市资源地区转型发展和老工业基地调整改造两项工作获国务院通报表彰。江西省先后印发《关于统筹推进全省自然资源资产产权制度改革的实施意见》《江西省省内流域上下游横向生态保护补偿定额奖补实施办法》《关于建立以国家公园为主体的自然保护地体系实施意见》《关于加快实施"三线一单"生态环境分区管控的意见》《江西省流域综合管理暂行办法》《关于构建现代化环境治理体系的若干措施》等政策、文件。2020年6月1日，全省首个生态文明宣传月活动启动，主题为"生态赣鄱·绿色家园"。8月28日，全省首个"两山银行"在中国人民银行资溪县支行挂牌成立。10月11—15日，江西"生态云"大数据平台首次公开亮相第三届数字中国建设峰会江西展厅。10月27日，《国家生态文明试验区（江西）建设进展评估报告》形成，获省委书记、省长批示。11月26日，省政府新闻办、省发展改革委召开江西省国家生态文明试验区建设新闻发布会，宣布试验区38项重点改革任务全面完成。

二、建设成效

江西生态文明试验区42项改革成果在全国推广，国务院实行最严格水资源管理制度考核连续5年优秀，赣州阳明湖入选全国美丽河湖优秀案例，国家级美丽河湖创建实现"零的突破"。九江首创自然资源"储赋能"新模式，万年湿地资源运营机制获得国家充分肯定。山水林田湖草沙保护修复、全流域生态补偿、国土空间规划、环境治理体系、绿色金融改革、河湖林长制等改革走在全国前列，抚州生态价值转化、萍乡海绵城市建设、景德镇"城市双修"、绿色发展"靖安模式"、废弃矿山修复"寻乌经验"、农村宅改"余江经验"等成为全国典范，生态文明制度"四梁八柱"全面构建。

全省森林覆盖率稳定在63.1%，城市建成区绿地率、绿化覆盖率居全国第二，率先实现"国家森林城市""国家园林城市"设区市全覆盖。空气优良天数比例达96.5%，$PM_{2.5}$平均浓度29微克/立方米，国考断面水质优良率97%，长江干流江西段所有断面水质达到二类标准。

全省主要经济指标增速保持全国前列，地区生产总值国内排位由2008年的第19位前移至2024年的第15位，战略性新兴产业、高新技术产业、装备制造业增加值占规上工业比重分别达28.1%、39.5%、31.6%，数字经济增加值有望突破1.2万亿元，占地区生产总值比重达到37.3%，万元地区生产总值能耗持续优于全国平均水平，生态江西品牌彰显新优势。

第四章 风景名胜

江西历史文化底蕴深厚、自然风景优美、风土人情别具一格。囿于篇幅限制，本章只选介部分国家 AAAA 级以上旅游景区和国家级重点文物保护单位。

第一节　南昌市主要景区

南昌市位于江西省北部、赣江下游，为江西省的省会，是全省政治、经济、文化中心。南昌水陆交通发达，自古有"襟三江而带五湖"之称。公元前 202 年，汉高祖刘邦命颍阴侯灌婴驻守南昌一带。次年，灌婴率部修建了一座方圆十里、辟有六门的土城，时人称之为"灌城"，系南昌建城的开始。南昌之名始于西汉，寓"昌大南疆"之意。南昌城多次变迁兴废，城名数易，别名诸多，汉称"豫章"，隋、唐、北宋称"洪州"，南宋称"隆兴"，明代定名为"南昌"。1926 年，北伐军攻克南昌后开始设市。1927 年 8 月 1 日，周恩来、贺龙、叶挺、朱德、刘伯承等在这里领导和指挥了震撼世界的南昌起义，打响了中国共产党武装反抗国民党反动派的第一枪，开创了中国共产党领导的武装斗争和创建人民军队的新纪元。南昌作为"军旗升起的地方"，是中国人民解放军的诞生地，被誉为"英雄城"，8 月 1 日被定为中国人民解放军建军节。1986 年，国务院批准南昌市为全国第二批历史文化名城。

一、滕王阁

为江南三大名楼之一，坐落在南昌市抚河北路、赣江与抚河故道交汇处。这座历史名阁最初为唐高祖李渊第二十二子、滕王李元婴于唐永徽四年（653）任洪州都督时所建，后因"初唐四杰"之一的王勃《滕王阁序》而名传千古。滕王阁自建成以来，迭废迭兴29次，最后一次毁于1926年10月的兵燹。1983年南昌市政府决定重建滕王阁，1989年10月8日（农历重阳节）主阁竣工落成，对外开放。新建的滕王阁依城临江，离唐代阁址仅百米。滕王阁筑有园林式围墙，墙内青松苍翠，鲜花盛开，两个瓢形人工湖点缀其间。阁楼的主体建筑下部为象征古城墙的12米高台座，台座以上取"明三暗七"格式，共9层，净高57.5米，建筑面积1.5万平方米。两翼为对称的一级高台，上为游廊，游廊两端为"压江""挹翠"二亭，其立体似一个倚天耸立的"山"字，而平面则如一只展翅欲飞的大鲲鹏。整个建筑为钢筋

滕王阁（摄影 谭惠如）

混凝土仿木结构，是根据中国建筑史学家梁思成先生所绘草图，并参照"天籁阁"所藏宋画《滕王阁》及宋代李诫《营造法式》重新设计的大型仿宋古建筑。2018年，滕王阁旅游区被批准为国家AAAAA级旅游景区。

二、梅岭

位于南昌市西北郊，总面积约150平方千米。主峰洗药坞海拔841米。共有大小山峰99座，天然和人工湖泊50余个。岩洞、奇石、泉瀑、幽谷、云海佛光、古树名木处处皆景，融雄、秀、奇、幽于一体。夏季梅岭平均气温为22~25℃，是著名的避暑胜地，素有"小庐山"之称。梅岭古称飞鸿山，相传西汉末年南昌县尉梅福弃官隐此修道，后人筑梅仙坛于岭上，故改称梅岭。梅岭也是中国古典音律和道教净明宗的发源地。相传黄帝乐臣伶伦于此截竹为器，创立了中国古

■ 南昌梅岭国家森林公园

典音律，被誉为"乐祖"，洪崖丹井也因此成为音律的发源地。自晋以来，梅岭渐成佛、道圣地，寺庙道观遍及全山。鼎盛时期，全山建有136座寺庙观坛和24处书院义塾，著名的有翠岩寺、天宁寺等8大名刹和玉隆观等7大宫观，道教将之定为"第十二小洞天"，足见其地位之高。2004年2月，梅岭被国务院批准列入第五批国家AAAA级风景名胜区。

三、绳金塔

位于南昌市绳金塔街，始建于唐天祐年间（904—907）。相传建塔时掘地得铁函一个，函内有金绳4匝，古剑3把，金瓶舍利300粒，故称"绳金塔"。清康熙四十八年（1709）塔圮，五十二年（1713）重建，后数次修缮。乾隆五十三年（1788），因城内外多火灾，故铸金鼎，铭有48字，其中有"水火既济，坐镇江城"一句，遂置塔顶

绳金塔

以镇火。塔身为砖木结构，七层八面，高 50.86 米，底周长 33.8 米，每层飞檐回廊，八面均有拱门相通，塔内有楼梯，直通顶层。塔顶为铜胎鎏金镇火鼎。登上塔顶，可鸟瞰全市。2010 年，绳金塔被评为国家 AAAA 级风景名胜区。

四、八大山人纪念馆

坐落于南昌市青云谱区，1959 年 10 月辟为八大山人纪念馆。青云谱是明太祖十世孙朱耷（号八大山人）创办的一所道院。清顺治十八年（1661），朱耷偕其弟牛石慧到此隐居，在一片废墟上创建道院，取道家神话"吕洞宾（纯阳）乘青云来降"之意，定名"青云圃"。康熙年间，改"圃"为"谱"，以示青云传谱。青云谱与八大山人的坎坷人生及其书画艺术紧紧联系在一起。八大山人天资聪颖，从

八大山人纪念馆（摄影 丁南昌）

小受到文化艺术熏陶，8岁能诗，11岁能画，成年后成为一名杰出的画家。他在艺术创作上的杰出成就，体现在绘画和书法上。他常把"八大山人"四字连缀起来草写，形似"哭之""笑之"字样。八大山人就是这样以手中的笔寄寓他对清廷的永不屈服。2020年12月，八大山人纪念馆被评定为第四批国家一级博物馆。2021年，八大山人梅湖风景区被评为国家AAAA级旅游景区。

五、安义千年古村

位于西山梅岭之麓的安义千年古村群由长埠镇罗田村、水南村和石鼻镇京台村三大古村落及观边水库、猪婆岭组成，三村成等腰三角形的鼎足之势。罗田村、水南村均为黄姓，据族谱载，唐末广明元年（880）由湖北蕲州罗田黄直昌南迁在此落脚安居，迄今已有1100多年的历史。历代罗田村文化和商贸名人辈出，享誉县域，民间有谚"小小安义县，大大罗田黄"。水南村为古罗田村黄氏分支后裔。明初洪武七年（1374），罗田村第十五代村民、36岁的黄一能离开罗田迁居村南的黄源溪一带，其地故名"水南"，建村迄今已650余年，"水波翻锦浪，南屏作画图"则是水南辉煌历史的写照。京台村至今有1400多年的历史，该村是"一村两姓"（刘姓、李姓），据京台刘姓族谱载，唐朝武德元年（618），刘广德之子刘宗绪、刘宗寿定居于京台，广德公成为京台刘氏的开基祖。明洪武初年（1368），武宁籍人士、皇宫御医李文华之子李敬让因屡立战功被皇帝赐封，其落户于京台。从此，刘、李两姓和睦相处，共创京台村辉煌。罗田、水南、京台三村均有丰富的古村落遗存，包括古民居建筑、古街、古戏台、古牌坊、风水塔、贞节碑、夏莲院（寺）、逍遥观、古井、古樟、地下排水涵道等。据统计，三村现有明清建筑

安义古村

85栋,其中明代建筑8栋。在古建筑上有精美的石雕、木雕、砖雕饰件,尤以石雕匾额、木雕窗花品种多、技术精湛,堪称中国古代村落建筑艺苑中一朵奇葩。安义古村被评为江西历史文化名村、江西省爱国主义教育基地、江西"十大乡村美景"、国家AAAA级旅游景区。

六、南昌汉代海昏侯国遗址博物馆

位于新建区大塘坪乡,北临鄱阳湖,东滨赣江的西汉海昏侯遗址,是我国迄今发现的保存最好、结构最完整、功能布局最清晰、拥有最完备祭祀体系的西汉列

侯墓园遗址，入选 2015 年度"全国十大考古新发现"。2011 年以来考古队勘探面积约 100 万平方米，出土包括青铜器、金银器、铁器、玉器、漆木器、陶瓷器、竹简、木牍等各类珍贵文物 1 万余件（套），为研究西汉侯国建城制度、人文历史、社会经济提供了全面的历史资料，是研究西汉侯国最独特的大遗址。南昌汉代海昏侯国遗址博物馆占地面积 118802 平方米，总建筑面积 39250 平方米，其中地上两层，建筑面积 31465 平方米，地下一层，建筑面积 7785 平方米。2021 年，南昌汉代海昏侯国遗址公园被评为国家 AAAA 级旅游景区。

■ 南昌汉代海昏侯国国家考古遗址公园（供图 南昌市史志办）

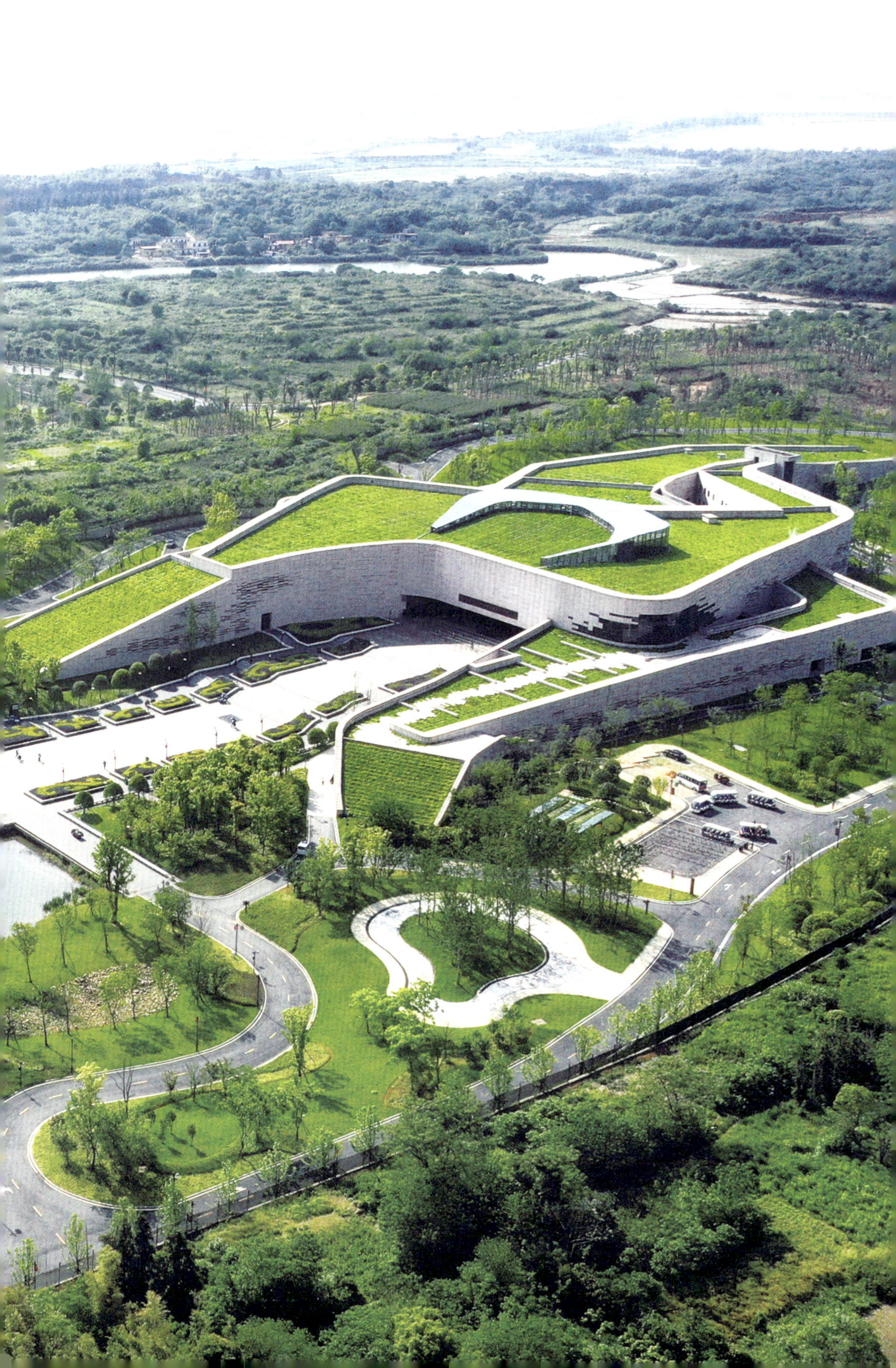

2024年5月8日,中国博物馆协会发布《关于第五批全国博物馆定级评估一级博物馆评估结果的公示》,南昌汉代海昏侯国遗址博物馆升为国家一级博物馆。

第二节　九江市主要景区

九江市位于江西省北部,长江中下游南岸,地处赣、鄂、湘、皖四省交界处,襟江带湖,是兵家必争之地。公元前221年,秦始皇统一中国,划天下为36郡,九江郡(郡址在今安徽寿县)是其一,迄今已有2200多年的历史。历朝历代均在此扩建城池,一直为政治、经济、文化和军事之重镇,曾有柴桑、江州、浔阳、寻阳、湓阳等多个称谓。自明朝开始,九江名沿用至今,简称浔。九江市是中国近代"四大米市""三大茶市"之一,古有"九江秀色不可招""山南山北尽佳致"之美誉,也是长江流域的重要交通枢纽,江西的北大门和唯一的国际贸易口岸城市。

一、庐山

又名"匡山""匡庐",历史上曾有"天子都""天子鄣""敷浅原""南鄣山"等称谓。相传周朝时有匡氏兄弟结庐隐居于山上而得名。庐山北濒长江,东临鄱阳湖,山体呈东北—西南走向,长约25千米,宽约10千米,总面积约300平方千米,域内171座山峰绵延相连,形成峰峦叠嶂、泉瀑飞流、茂林幽深、云海苍茫的秀丽风光,主峰大汉阳峰海拔1474米。庐山拥有12大景区,474个景点。唐代大诗人白居易以"匡庐奇秀,甲天下山"道出了庐山的秀美与品位。

第四章 风景名胜

旖旎的庐山不仅是风景观光名山、度假避暑名山,同时还是诗文名山、教育名山、政治名山、宗教名山、建筑名山、地质名山、生态旅游名山、抗战名山,其综合度之高实为世所罕见。庐山是我国第一批国家级风景名胜区,1991年入选"中国旅游胜地四十佳",1996年联合国教科文组织世界遗产委员会第二十六届会议一致通过并批准庐山作为"世界文化景观"列入《世界遗产名录》,1998年被评为"全国文明风景旅游区示范点",并先后被评为世界地质公园、全国卫生山、全国安全山、全国文明山。2005年6月5日世界环境日,庐山以其环境保护、环境优化的突出成就通过联合国环境规划

■ 庐山含鄱口(摄影 卫岌)

署、联合国交流合作与协调委员会、全球生态恢复和发展基金会、国际保护自然及自然资源联盟等机构的共同评选,被授予全球唯一的"联合国优秀生态旅游景区"的称号。2007年,被评为首批国家AAAAA级旅游景区。

二、浔阳楼

又名浔阳酒楼,位于九江市浔阳区北部长江边。始建年代无考,唐时即有。著名诗人白居易有《题浔阳楼》。古浔阳楼的牌额上"浔阳楼"三个金字是宋代苏东坡所题。现匾额上三个苏体金字出自赵朴初的笔端。此楼清代尚存,后毁。楼因《水浒传》中描写宋江在此楼醉酒题反诗、李逵在此楼挥斧而闻名天下。1986年,九江市人民政府重建浔阳楼。浔阳楼占地1600平方米,主楼面积300平方米,

■ 浔阳楼

高31米，外3层，内4层。重建的浔阳楼参考了宋代《清明上河图》和明代容与堂刻本《水浒传》中浔阳楼插图设计，整体格局浑朴典雅，飞檐翘角，雕梁画栋，气势非凡。2021年，浔阳楼被正式评定为国家AAAA级旅游景区。

三、白鹿洞书院

位于庐山市五老峰南麓，被誉为"中国四大书院之首"，也是中国教育文化的重要发祥地之一。白鹿洞书院的历史可追溯至唐贞元年间（772—831），当时李渤隐居在此读书，养一白鹿自娱，人称白鹿先生。加之这里四山环合，一水中通，深幽寂静，俯视如洞，故名白鹿洞。唐长庆年间（821—824），李渤应韩愈之招出任江州（今九江）刺史，为纪念他青年时代在此读过书，他在此广植花木，建亭台

庐山白鹿洞书院

楼阁。之后，这里成了四方文人墨客读书赋诗、雅集聚会的场所。至今，白鹿洞书院还存有纪念李渤等人的先贤祠和石雕白鹿。升元四年（940），南唐开国皇帝李昪在此建学置田，号"庐山国学"，使之成为与金陵（今南京）国子监齐名的官办高等学府，此为白鹿洞书院办学之始，至今已有1000多年的历史。南宋理学家、教育家朱熹知南康军（今庐山市）时，重建书院，亲自讲学，确定了书院的办学规条和宗旨；朱熹还礼聘当时著名的哲学家陆九渊来到白鹿洞书院讲学。宋宁宗嘉定十一年（1218），黄榦、胡泳等10多人来庐山，建流芳桥，邀请大教育家李燔来此讲学，后来当地郡守邀请李燔担任白鹿洞书院堂长。李燔在书院讲学几十年，学者云集。明代中期文学家李梦阳任江西按司提学副使期间，不仅关心书院的建设和发展，亲自为书院大门题写"白鹿洞书院"匾额，而且还写下了《始至白鹿洞》《白鹿洞别诸生》等诗词传世。

新中国成立后，白鹿洞书院得到很好的保护和利用，各级政府先后拨巨款进行了三次大的维修，再度兴盛。1959年被列为省级文物保护单位，1988年被列为全国重点文物保护单位。目前，白鹿洞书院已形成集文物管理、教学、学术研究、旅游接待、园林建设五位一体的综合管理体制。

四、庐山西海

位于江西省九江市西南部，地跨永修、武宁两县，总规划面积495平方千米，隶属于庐山西海风景名胜区管理委员会管辖。它分为西海湖区和云居山片区两大板块，是一处集国家级风景名胜区、国家水利风景区、国家森林公园、亚洲最大土坝水库、国家体育旅游示范基地创建单位、全国中小学生研学实践教育基地为一体的山岳湖泊型

庐山西海

特大景区。庐山西海以其清澈的水质、丰富的负氧离子含量被誉为"天然大氧吧",是国家一级水质、一级空气的代表,水体能见度深达11米。庐山西海景区以"健康、运动、休闲"为主题,大力推进旅游+体育融合发展,致力于打造"江西国内一流、世界知名"的旅游度假目的地。景区拥有丰富的旅游资源和深厚的人文底蕴,包括惊险刺激的将军峡9D玻璃桥与西海漂流、西海水世界、富矿西海温泉、湖上花海花源谷、果园采摘和农家美食等。庐山西海的水域面积达308平方千米,总容量为80亿立方米,拥有大小岛屿8000多个,大气负氧离子含量最高达15万个每立方厘米,是全国最大的"水中大熊猫"桃花水母的繁衍地。湖内千岛落珠,山水交融,素有"人间仙境,诗画西海"的美誉。2005年12月,经国务院批准,庐山西海前身原云居山—柘林湖风景名胜区被国务院列为第六批国家级风景名胜区。2020年12月，庐山西海景区被文化和旅游部评为国家AAAAA级旅游景区。

第三节　景德镇市主要景区

景德镇位于江西省东北部，清代曾与广东佛山镇、湖北汉口镇、河南朱仙镇并称为"中国四大名镇"。1953年6月，政务院批准景德镇市为江西省直辖市，是全国首批24个历史文化名城之一。

一、"千年瓷都"景德镇

2023年10月11日，习近平总书记视察景德镇陶阳里历史文化街区时指出："中华优秀传统文化自古至今从未断流，陶瓷是中华瑰宝，是中华文明的重要名片。陶阳里历史文化街区严格遵循保护第一、修旧如旧的要求，实现了陶瓷文化保护与文旅产业发展的良性互动。要集聚各方面人才，加强创意设计和研发创新，进一步把陶瓷产业做大做强，把'千年瓷都'这张靓丽的名片擦得更亮。"

景德镇历史悠久，千年窑火不断。早在汉代，景德镇就开始生产陶瓷，"新平冶陶，始于汉世"。宋景德元年（1004），宫廷诏令此地烧制御瓷，底款皆署"景德年制"，景德镇因此而得名。景德镇所产的白瓷具有"白如玉、明如镜、薄如纸、声如磬"的独特风格，举世无双，且造型优美、品种繁多、装

■ 景德镇御窑厂国家考古遗址公园

饰丰富。青花瓷、青花玲珑瓷、粉彩瓷和高温颜色釉瓷被称为景德镇四大传统名瓷。郭沫若曾有诗称赞景德镇"中华向号瓷之国，瓷业高峰是此都"。作为一座历史文化名城，这里保存有完整的古代制瓷作坊遗址、古窑和与制瓷业有关的古代建筑，如古窑民俗博览区、御窑厂考古遗址公园（国家重点文物保护单位）、中国陶瓷博物馆、陶溪川文创街区等，它们记录和反映了景德镇丰富深厚的陶瓷文化内涵。此外，景德镇还是中国直升机工业的发源地。景德镇古窑民俗博览区不仅是国家 AAAAA 级景区,更是陶瓷文化深度体验的标杆性目的地,兼具历史价值与互动性体验,适合文化爱好者及家庭游客前往探索。

二、瑶里

古名"窑里",因景德镇是陶瓷发祥地而得名,远在唐代中叶,这里就有生产陶瓷的手工作坊。瑶里风景名胜区位于景德镇市浮梁县东北端,地处三大世界文化遗产(黄山、庐山、西递和宏村)的中心,素有"瓷之源、茶之乡、林

■ 景德镇瑶里古镇(摄影 万进文)

之海"的美称。它主要由瓷茶古镇游览区、汪湖生态游览区、高岭土矿遗址园区、绕南陶瓷主题园区、梅岭休闲度假区五个景区组成。瑶里古镇始建于汉代，保留下许多明清时期的建筑，有着明显的徽派风格。现存240余幢明清古建筑，均饰以石雕、砖雕和木雕艺术，其中以程氏宗祠和狮岗胜览古民居最具代表性。瑶里古镇占地面积203.2平方千米，山林面积150平方千米，耕地面积9.34平方千米。古镇生态环境优美，2017年入选全国第二批特色小镇。瑶河水清澈见底，"瑶河观鱼"成为一道有名的风景。瑶里古镇内保存较为完好的明清建筑有明清商业街、宗祠、进士第、大夫第、翰林第、老屋、狮冈胜览等。其中明清商业街是徽饶古商道上最为繁华的商业街之一，全长1000多米，分为上街头、中街头、下街头三部分，整条街共有上百家店铺，鳞次栉比地分布在街道两旁，大部分保存得非常完好。作为革命老区，瑶里还保留了许多革命历史遗址，如陈毅旧居（原名"敬义堂"）、抗日动员大会会场、瑶里改编纪念碑等。瑶里古镇先后获得国家重点风景名胜区、国家AAAA级景区、中国自然与文化双遗产名录、中国历史文化名镇、国家矿山公园、国家森林公园、国家重点文物保护单位等16个国家级荣誉称号。

第四节　萍乡市主要景区

萍乡市位于江西省西部，东与宜春市毗邻，南与吉安市相连，北与湖南省浏阳市接壤，西与湖南省株洲市交界，素有"湘赣通衢""吴楚咽喉"之称，有武功山、孽龙洞、安源路矿工人纪念馆等景区。

一、武功山

位于萍乡市芦溪县、吉安市安福县、宜春市袁州区等县区交界处，属罗霄山脉北支，古时与庐山、衡山并称"江南三大名山"。武功山风景名胜区规划面积139.64平方千米（其中吉安安福60.08平方千米、萍乡芦溪40.35平方千米、宜春袁州39.21平方千米），由金顶景区、羊狮幕景区、九龙山、发云界四大区块组成，是一处山体呈东北—西南走向的山岳型风景名胜区。武功山以其"峰、洞、瀑、石、

■ 武功山

云、松、寺"等景观而著称,旅游资源非常丰富,包括羊狮慕、武功温泉、武功湖等旅游景点。景区内有10万亩高山草甸,位于海拔1600多米的高山上,与巍峨的山势相映成趣,被誉为"天下无双"。武功山还有气势恢宏的高山瀑布群、云海日出、穿云石笋等奇特景观,以及保存完好的原始森林和巨型活体灵芝等自然奇观。武功山历史悠久,文化源远流长。自汉、晋时期起,就被道佛两家选为修身养性的洞天福地。宋、明时期香火鼎盛,山南山北建有庵、堂、寺、观达30多处。明代大旅行家、地理学家徐霞客也曾登临武功山,并留下了赞美武功山的诗句。武功山金顶的江南祭坛群距今已有1700多年的历史,被誉为"华夏一绝"。

2005年12月,武功山风景名胜区经中华人民共和国国务院审定,被确认为第六批国家级风景名胜区。2020年1月,被文化和旅游部正式确定为国家AAAAA级旅游景区。

二、孽龙洞

是杨岐山风景名胜区下辖的喀斯特地貌岩溶型景区,因传说道教四大天师之一许真君擒孽龙于此洞而得名,是以天然溶洞为主的自然景观,形成于1.8亿年前。现有景点100余个,如天堂大厅、天书、童子拜观音、千丘梯田、倒柳垂杨、仙乐厅、诗画长廊、许愿池、回龙厅等。清风、怪石、流泉、飞瀑被称为"洞中四绝"。最为壮观的洞天飞瀑高9米,宽7米,飞珠溅玉,声涛震天。岩景乳石如玉雕、像刺绣,似人似兽、若物若影、惟妙惟肖,石笋、石花、石幔玲珑剔透,蔚为壮观。洞内厅廊相连,最高洞厅高达30余米,

孽龙洞（摄影 蔡涛）

可容纳近 1000 人，漫步其间，兼静赏洞观之妙，赋形象思维之乐，是不可多见的"岩溶地质的博物馆"。

孽龙洞景区自然和人文资源丰富，景点多且集中，内涵丰富。除了孽龙洞本身，还有孽龙洞四十八窝、洗剑泉、渔鼓筒、万竹园、棚民起义根据地（射箭场、跑马坪、舍身崖、隐朱洞）、鸳鸯湖、鸳鸯洞、八仙岭、孽龙山、仙人下棋、海螺公园、虾米洞、猴子爬石、冷水塘、万寿宫、三宝树、黄连木、古樟、白马庙等众多景点。

孽龙洞景区以其独特的自然景观和深厚的文化底蕴，成为一个集观光、探险、科普教育和休闲度假于一体的旅游目的地。孽龙洞景区是国家 AAAA 级旅游景区，2020 年被评为江西避暑旅游目的地和被列为省级研学实践教育基地。

第五节　新余市主要景区

新余市位于江西省中部西侧，鄱阳湖平原区的西部边缘，是重要冶金工业基地。新余市人文荟萃、名人辈出，文有江西第一状元卢肇，武有晚清爱国名将张春发，艺有一代国画宗师傅抱石，书有世界科学名著《天工开物》。市域内有九天瑶池仙女湖，千姿百态的中国

仙女湖（摄影　张敏）

洞都等景区，先后获国家森林城市、国家园林城市称号。

一、仙女湖

仙女湖又名江口水库，始建于 1958 年，位于新余市西郊 16 千米处，是著名的湖泊型旅游胜地、国家级风景名胜区、亚洲最大的亚热带树种基因库。仙女湖得名于东晋文学家干宝《搜神记》中记述的"毛衣女下凡新喻"的故事，这个故事为景区抹上了一层神秘而圣洁的色彩。仙女湖湖区水面约 50 平方千米，自西向东划分为 3 个景区。上游的钤阳湖景区面积 2000 多公顷，烟波浩渺，水天一色。中游的钟山峡景区有长达 3 千多米的高山峡谷，钟山峡、牛栏峡、吕山峡呈弧形弯曲，蜿蜒如带，被誉为"小三峡"。下游的舞龙湖景区面积约 2000 公顷，湖面呈枝杈状多向延伸，湖湾、岛屿星罗棋布，是仙女湖的核心景区。仙女湖共有岛屿 133 座，全景区以"情"为主题，分别开发有傣族度假村、蒙古包、蛇岛、龙王岛、白鹭山庄等景点。风景区内及其周围可游览的景点还有唐代状元卢肇读书台、大型溶洞洪阳洞等。2005 年，仙女湖风景区被评为国家 AAAA 级旅游景区。

二、中国洞都

中国洞都景区位于分宜县洞村乡，总面积约 23.8 平方千米，是典型的喀斯特地貌，是一个以仙女文化、姻缘文化为主题的洞群旅游区，被誉为"江西第一避暑溶洞"。景区分牛郎织女洞景区、穴居世界景区与世外桃源景区等三大景区，主要包含牛郎织女洞、姻缘宫和神牛洞，将故事与钟乳石奇景完美结合，立体演绎"一个会讲故事的溶洞"，带给游人全新的溶洞体验。踏入洞中，千姿百态的钟乳石琳琅满目，在灯光的映照下，这些钟乳石或晶莹剔透，或色彩斑斓，变

■ 中国洞都（供图 分宜县史志办）

幻出无尽的奇妙景象。洞中的地下河也是一大奇观。河水清澈见底，潺潺流淌，在幽静的溶洞中奏响着轻柔的乐章。沿着河道前行，可见河水中倒映着洞顶的石笋和石柱，它们上下辉映，形成了独特的"水石共生"景观。2017年1月，中国洞都景区被正式评定为国家AAAA级旅游景区。

第六节 鹰潭市主要景区

鹰潭市位于江西省东部偏北，信江中下游，因"涟漪旋其中，雄鹰舞其上"而得名，有"中国铜都"之称。鹰潭市域鹰厦线、浙赣线、皖赣线和沪昆线四条铁路主干线纵横交汇，被誉为"火车拉出

龙虎山（摄影 朱英培）

来的城市"，是赣东北连接东南沿海和承接东南沿海产业转移的重要城市。

一、龙虎山

龙虎山位于鹰潭市郊西南 20 千米处，是中国道教发祥地、道教正一派的祖庭所在地，也是国家重点风景名胜区、国家地质公园、国家级森林公园。风景区面积 200 多平方千米，包括上清宫、龙虎山、仙水岩、马祖岩、洪五湖、应天山等 6 大景区，共有 99 峰、24 岩、108 处景点。源远流长的道教文化、天造地设的丹崖碧水、千古难解的悬

棺之谜，构成了龙虎山景观的"三绝"。龙虎山原名云锦山，名列道教第三十二福地。东汉永平二年（59），道教创始人张道陵在此肇基炼九天神丹，"丹成而龙虎见"，山因此得名。张天师在此已承袭65代，历经1900余年。龙虎山张天师家族与山东曲阜孔子后裔并称"北孔南张"。坐落于上清镇的大上清宫是历代天师举行道教活动的场所，是一座王府式建筑，规模宏大，层层叠叠，呈八卦形布局，院内古木参天，丹桂飘香，有"南国无双地，西江第一家"之称。明净秀美、婀娜多姿的泸溪河由南向北从景区贯穿而过，宛若一条银色的飘带，把上清宫、天师府、龙虎山、仙水岩这几颗宝珠串为一体，形成龙虎山旅游观光的绝佳线路。游客在上清镇乘竹筏，顺泸溪河而下，沿途丹崖碧水，山水相映，四野美景迎面扑来。其终点站为仙水岩景区，它是龙虎山自然景观的精华所在。这里景点集中，怪石遍布，山水皆成妙景，24 岩个个令人称绝。尤其是其临水的悬崖峭壁上布满了各式各样的岩洞，岩洞中有 100 多座 2500 多年前春秋战国时期古越人的崖葬墓，其年代之久远，数量之多，位置之险，造型之奇特，世所罕见。百米悬崖上，洞穴高不可攀，棺木如何放置进去？古越人此种行为的动机是什么？谁有资格享此殊荣？至今仍没有令人满意的答案。考古工作者曾利用现代吊装设备进洞考察，得到了丰富的文物资料。2012 年，龙虎山风景区被评为国家 AAAAA 级旅游景区。

二、天师府

天师府位于国家 AAAAA 级旅游景区——龙虎山上清镇关门口，是历代天师生活起居之所和祀神之处，由第 30 代天师张继先始建。

龙虎山天师府

因元世祖忽必烈封第36代天师张宗演为"嗣汉天师",故又名"嗣汉天师府"。府门上一对抱柱上书楹联"麒麟殿上神仙客,龙虎山中宰相家",原为明代大画家、大书法家董其昌手笔。天师府现存木构建筑均为明清时期建造的基础上修复的,分为三大部分,即以三门为主体的前路建筑,以私第为主题的中路建筑,以万法宗堂为主题的西路建筑。天师府依山傍水,规模宏大,环境清幽,是我国罕见的道教领袖私第园林,与山东孔府一起被称为我国现存封建社会"两大府第"。天师府占地5万平方米,有500多间房舍,由府门、大堂、后堂、私第、书屋、花园、万法宗坛等组成,布局风格保持了鲜明的道教正一派神道合居的特点,是私第园林和道教建筑的艺术瑰宝,府内至今仍藏有金匾、铜镜、铜钟、天师玉印等文物珍品。

第七节 赣州市主要景区

赣州市位于江西省南部、章水和贡水合流处,是一座有2200余年历史的历史文化名城,也是全国著名的"红色故都",土地革命战争时期中央苏区的主体和核心区域。赣州是"江南宋城",被专家们誉为"宋城博物馆"。从东门到西门的宋代古城墙沿江而筑,蜿蜒3600多米,古韵犹存。耸立在章贡两江合流处的胜景八境台始建于北宋,雄伟挺拔,巍然壮观。位于贺兰山上的郁孤台因南宋著名词人辛弃疾一首《菩萨蛮·书江西造口壁》而名闻古今。赣州是"客家摇篮",客家先民南迁第一站,是客家风采和客家文化的摇篮,现存的上千座客家围屋令人叹为观止。1993年11月,赣州作为江南宋文化古城被国务院批准为第三批国家级历史文化名城。

一、瑞金共和国摇篮旅游区

位于江西省瑞金市，2015 年 7 月被列为国家 AAAAA 级旅游景区，也是全国爱国主义教育示范基地和红色旅游经典景区，由叶坪（一苏大会址所在地）、红井、二苏大、中华苏维埃纪念园四大核心景区组成。叶坪景区包括毛泽东和朱德的旧居、临时中央政府旧址、红军广场、红军检阅台、红军烈士纪念亭、博生堡、公略亭等。沙洲坝景区包括中央政府大礼堂旧址、中华全国总工会旧址、中国工农红军总政治部旧址、红井、列宁小学旧址等。二苏大景区包括中国共产党中央总旧址、中华苏维埃共和国临时中央政府大礼堂旧址等。中华苏维埃纪念园景区包括中央革命根据地历史博物馆（陈列馆）、红五星广场、苏区精神二十八字浮雕、中华苏维埃纪念鼎、四省百县林，以及十三个土地革命时期主要根据地主题雕塑场景等。瑞金共和国摇篮旅游区总面积 3.03 平方

■ 中华苏维埃第一次全国代表大会会址（供图 瑞金中央革命根据地纪念馆）

千米，完整呈现了中华苏维埃共和国临时中央政府的历史脉络和"人民共和国从这里走来"的厚重历史。

瑞金共和国摇篮旅游区以其深厚的历史底蕴和独特的红色文化魅力，成为追寻共和国初心、接受革命传统教育的必游之地。

二、三百山

三百山位于安远县城东南25千米处，属武夷山脉南段与南岭山脉东段余脉的交错地带，是长江水系之贡江与珠江水系之东江的分水岭，为国家级森林公园、国家AAAAA级风景名胜区。三百山由300多座山峰构成，总面积333平方千米，主峰十二排海拔1169米。三百山方圆数十里无农户定居，山高林密，自然环境古朴清静。景区内古

东江源（摄影 赖联明）

树参天，巨藤倒挂，溪泉潺潺，有 111 科 661 种木本植物在此竞相生长，400 余种野生动物在林中生存繁衍。这里一年四季气候温凉，舒适宜人。清澈秀丽的东江源头、壮观密集的深潭飞瀑、保存完好的常绿阔叶林、高质量的生态环境堪称三百山"四绝"。

三、通天岩

通天岩位于赣州城区西北 12 千米的水西乡境内，面积为 6 平方千米，是一处发育十分典型的丹霞地貌景区。唐宋时期的石刻佛像依岩环列于石壁之上，为江南罕见，人们誉之为"江南第一石窟"。通天岩风景区是国家 AAAA 级旅游区，包括古代石刻区和现代休闲区两部分。古代石刻区是景区的核心和精华，它主要有观心岩、忘归岩、龙虎岩、通天岩、翠微岩等五个岩洞。石刻区各处崖壁上存有宋代以来佛教题材的窟龛 315 处，共计造像 359 尊，题刻 128 品，题刻刻工精

赣州通天岩

宁都翠微峰

致，堪称"江南石窟艺术宝库"，是华东地区最大的石窟寺。1989年被列为全国重点文物保护单位。

四、翠微峰

翠微峰位于宁都县城西北5千米处，因汉初道姑张丽英在此修炼而出名。景区内有山峰百余座，其中险峻秀丽者12座，称为"金精十二峰"。峰以翠微峰为首，洞以金精洞为最。金精洞是由披发峰与石鼓峰相夹而成的天然石洞，是古金精山区的中心腹地，全国道家七十二福地之第三十五福地。这里险峰、幽洞，并存有一批历代名人题刻。翠微峰历史上佛、道盛行，这里还是名人隐居、著书立说、授徒讲学之所，其中，清初三大散文家之一魏禧为首的"易堂九子"在此办馆兴学，潜心著述，博得"易堂真气天下罕二"的赞誉。是国家AAAA级旅游景区和国家森林公园。

第八节　宜春市主要景区

　　宜春市位于江西西北部，地当吴头楚尾，境扼湘赣孔道，因"城侧有泉，莹媚如春，饮之宜人"而得名，素有"江南佳丽之地、文物昌盛之邦"之美誉，禅宗"一花五叶"就有"三叶"（临济宗、沩仰宗和曹洞宗）发祥于宜春。这里是人文胜地，资源丰饶的物产上郡，

交通畅达的内陆通衢，宜居宜业的生态家园，民风淳朴的文明之城，正在崛起的产业新城。

一、明月山

又称明月山温泉风景名胜区，位于宜春市袁州区，是集生态游览、休闲度假、科普教育和宗教旅游为一体的山岳型风景名胜区。全区规划面积136平方千米，核心面积80平方千米。旅游区共分为5个景区和1个度假区，即以云谷飞瀑、千丈崖绝壁为主要特色的

■ 宜春明月山

潭下景区，以太平山日出、高山草甸、奇峰怪石为主要特色的太平山景区，以乌云崖绝壁及乌云崖气象奇观为主要特色的塘佳山景区，以禅宗文化、民俗风情为主要特色的仰山景区，以珍稀动植物、丛林野趣为主要特色的玉京山景区以及以温泉疗养、度假、休闲、娱乐为主要特色的温汤温泉度假区。2015年，被评为国家AAAAA级旅游景区。

■ 三爪仑国家级示范森林公园（摄影 刘新宇）

二、三爪仑

三爪仑森林公园在靖安县境内，位于九岭山脉东段，风光秀丽，是国家级示范森林公园、国家 AAAA 级旅游景区。境内山清水秀，林海茫茫，万亩竹林风光旖旎，森林覆盖率达 95.7%，冬暖夏凉，7 月份平均气温 27.5℃。三爪仑拥有极为优良的生态环境，空气负氧离子浓度平均高达 21377 个

每立方厘米，空气中饱含着富有杀菌作用的植物精气，使部分区域的空气含菌量下降为零，大气环境质量远远优于国家一级标准。

三、阁皂山

阁皂山是道教"灵宝派"祖山、道教第三十三福地，位于樟树市东南20千米处。境内群山环抱，形似云天楼阁，层峦叠翠，色如黛渲墨染。宋代以来，即有"天下名山，道教福地，神仙之馆"的誉称。阁皂山是一座寓道教文化和中药文化为一体的名山。相传东汉著名道学家葛玄曾在此筑坛立灶，修炼"九转金丹"，得以升仙，被后人尊崇为"太极仙翁"。于是，大批的道学家、丹术家接踵而至，使阁皂山驰名天下，成为道教名山。东晋末年，葛巢甫在此创立道教灵宝派，奉葛玄为始祖。宋朝时阁皂山与南京茅山、鹰潭龙虎山并称为全国三大道教传箓圣地。著名景点有接仙桥、一天门、鸣水桥、照松门、梅花桥、大万寿崇真宫、百草园、紫阳书院等。阁皂山为国家AAAA级旅游景区。

四、宝峰寺

宝峰寺位于靖安县城双溪镇东北22.5千米的宝峰镇宝珠峰下、泐潭之滨，自古是江南名刹，是唐代高僧马祖道一的道场。宝峰寺始建于唐天宝年间（742—756），初名泐潭寺，又名法林寺，因其位于石门山内，故又名"石门古刹"。古刹背靠宝珠峰，面临北潦河，左右两山环抱，正面七岭奔来，俗称九龙聚会之地，气势灵奇。唐贞元元年（785），人称"南天八祖"的马祖道一禅师来到这里，弘扬他创立的"洪州禅"，其影响遍及全国，远至东南亚、日本。因为马祖道一的徒弟怀海和尚在奉新百丈山制定禅门清规，所以后世有

■ 靖安宝峰寺（摄影 舒建勋）

"马祖建丛林，百丈立清规"之说。近现代，宝峰寺屡经兵燹，基本被毁。1992年秋，江西省佛教协会会长、真如寺方丈一诚法师倡议修复宝峰寺。重建后的宝峰寺规模空前，香火旺盛。2013年，被列为国家级重点文物保护单位。

第九节　上饶市主要景区

上饶市位于江西省东北部，别称信州、饶州，这里不仅自然风光秀丽，而且文化底蕴深厚，人居环境优越，土地革命战争时期是闽浙皖赣革命根据地的核心区。上饶市还以其独特的地理位置和丰富的自然资源，成为江西对接长江三角洲的最前沿。

一、三清山

三清山又名少华山,位于德兴与玉山两县交界处。因玉京、玉虚、玉华三峰峻峭挺拔,宛如道教玉清、上清、太清三仙境而得名。主峰为玉京峰,海拔 1819.9 米。景区面积 756.6 平方千米,其中,核心景区 230 平方千米,有梯云岭、玉京峰、三清宫、玉灵观、冰玉洞、三洞口、石鼓岭、阳光海岸、西海岸、南清园等十大景区。三清山集奇特的自然景观和神秘的道教文化于一身,素有"江南第一仙峰,天下无双福地"的美誉。它东险西奇、南绝北秀,兼有"泰山之雄伟,华山之峻峭,衡山之烟云,匡庐之飞瀑"的特点,尤以奇峰、古松、响云、彩瀑、神光最为奇特,堪与黄山相媲美。三清山是国家级风景名胜区、国家 AAAAA 级旅游景区、世界自然遗产、世界地质公园。

第四章　风景名胜

■ 三清山

二、龟峰

龟峰又名圭峰，位于弋阳县西南部，国家级风景名胜区。风景区内自然景观与人文景观相互衬托，佛、道、儒文化交相融合，既有古代江南重要名刹南岩寺，又有道教重要遗址葛仙观及象征儒学兴盛的叠山书院。丹霞美景、文人胜迹、商周文化遗址、革命史迹等各类景观相互映照。龟峰风景区有"三奇"：龟形丹山之奇、洞穴佛龛之奇、仁人志士之奇。景区内一洞穴高约30米、宽约70米、深30余米，百余尊完成于唐宋时期的石刻佛像环列于洞穴石壁之上，为江南罕见，人们誉之为"江南第一佛窟"。龟峰为国家AAAAA级旅游景区。

■ 龟峰

三、鹅湖书院

鹅湖书院位于铅山县城河口镇东南约6千米处的鹅湖山麓,为古代江西四大书院之一。鹅湖山原名荷湖山,因"山上有湖多生荷"而得名。东晋龚氏居山蓄鹅,其双鹅育子数百,其地故称鹅湖。山麓有鹅湖寺,宋初迁至驿道旁。南宋淳熙二年(1175),当时著名学者吕祖谦邀集朱熹和陆九渊、陆九龄兄弟在鹅湖寺进行理学辩论。朱熹、陆九渊、吕祖谦是当时三大学派的巨擘。朱学倡"格物致知",陆学举"明心即理",吕学则兼取其长。吕祖谦本想通过"鹅湖之会"来调和两派观点(即客观唯心主义和主观唯心主义),结果双方各执己见,不合而罢。但在这次辩论中所显现

▪ 鹅湖书院青石牌坊

出来的思想火花却照亮了理学发展的前途，影响颇大。淳祐十年（1250）江东提刑蔡抗巡查信州后，报请朝廷，在鹅湖之会旧址建起书院，敕赐"文宗书院"，内设四贤堂，尊朱、吕、二陆为"四贤"。元代书院被毁，明景泰五年（1454）复建，正式命名为"鹅湖书院"。清康熙五十六年（1717）大规模整修和扩建，新建山门、牌坊、大堂、泮池、拱桥、碑亭、御书楼，两侧还修建厢房数10间，作为士子读书之所。康熙皇帝御赐鹅湖书院匾额一面，楹对一联，门额为"穷理居敬"，联语为"章岩月朗中天镜，石井波分太极泉"。鹅湖书院为国家AAAA级旅游景区。

四、婺源古村落

婺源是我国明清古建筑保存最多、最完整的县份之一，古村落有江湾、李坑、理坑和延村等，古祠堂、古民居、古桥、古亭等古建筑遍布乡野。江湾始建于隋末唐初，最初有滕、叶、鲍、戴等姓人家在江湾河湾处聚居，始称"云湾"。北宋神宗元丰二年（1079），萧江第八世祖江敌始迁江湾，子孙逐渐繁衍成巨族，后改称江湾。自唐以来，江湾便是婺源通往皖、赣、浙三省的交通要冲，为婺源东大门。这里山环水绕，风光旖旎，文风鼎盛，群贤辈出，孕育了明户部侍

婺源江湾民俗表演
（摄影 蔡涛）

郎江一麟，工部主事江宏晚，太医江一道，清代著名经学家、音韵学家江永，户部主事江桂高，著名教育家、佛学家江谦等一大批巨擘名流，村人著述多达88种，是当之无愧的婺源"书乡"的代表。村中至今还保存着三省堂、敦崇堂、培心堂、滕家老屋等一大批徽派古建筑和江永纪念馆、南关亭、东和门、徒戎桥、水坝井等景点，古村古风古韵，极具历史价值和观赏价值。

篁岭属典型山居古村落，民居围绕水口呈扇形梯状错落排布。篁岭景区由索道空中揽胜、村落天街访古、梯田花海寻芳及乡风民俗拾趣等游览区域组合而成。

■ 婺源李坑

李坑村位于秋口镇，交通条件好，有"古建筑博物馆"之称。李坑以"小桥流水人家"享誉大江南北。该村始建于宋代，为南宋武状元李知诚故里。理坑村在沱川乡，以明清官邸建筑群为代表，至今保留有130多幢。延村位于思口镇，现有民居多建于清乾隆嘉庆年间，多为一至三层穿斗式木构架徽派建筑，砖雕、木雕十分考究，村内地面由青石板铺成，全村建筑布局浑然一体，从村头至村尾可穿堂入户。

婺源境内，山明水秀，松竹连绵。四季景色，各有特点。白墙黑瓦、飞檐翘角的古民居，或依山隐于古树青林，或傍水映于溪池清泉，与梯田云雾相映成趣，如诗如画，被誉为"中国醉美乡村"。婺源的江湾景区、篁岭景区被评为国家 AAAAA 级旅游景区。

第十节 吉安市主要景区

吉安市位于江西省中部、赣江中游，是扼全省南北水陆交通要冲的赣中重镇。这里气候宜人，雨量充沛，物产丰富，历为商贾云集之地，有"金庐陵"之美称。吉安自古文化昌盛，英才辈出，被誉为"文章节义之邦""江南望郡"。自唐宋至明清，涌现科举进士2300多人，著名的"唐宋八大家"之一的欧阳修、南宋资政殿学士胡铨、南宋左丞相周必大、南宋抗金英雄文天祥、明代《永乐大典》主纂解缙等都出生在这里。吉安的宗教文化、书院文化厚重、革命胜迹丰富。青原区的青原山为古代江南佛教名山之一，禅宗七祖、唐代名僧行思禅师于此开辟佛场（净居寺），广收信徒，繁衍出禅宗五家中的云门宗和法眼宗等流派，影响遍及国内及朝鲜半岛、日本和东南亚。白鹭

■ 青原山净居寺

洲书院始建于南宋淳祐元年（1241），为江西古代四大书院之一。在市郊县还有文天祥纪念馆和吉州古窑址等人文景观。1930年10月，毛泽东、朱德亲自指挥"十万工农下吉安"，彭德怀、陈毅等老一辈革命家都曾在此进行过革命活动。

一、井冈山

井冈山地处江西西南部湘赣交界处的罗霄山脉中段，因"绣冈绵亘，水系交错如井状"而得名。井冈山山势高大险峻，山峰多在千米

以上，景区面积261.4平方千米，有峰峦、山石、瀑布、云海、溶洞、温泉、珍稀动植物、高山田园风光等景观类型，分为茨坪、龙潭、黄洋界、主峰、笔架山（杜鹃山）、桐木岭、湘洲、仙口、茅坪、龙市、鹅岭等11大景区，有76处景点、460多处景物景观。井冈山夏无酷暑，冬无严寒，气候宜人，可春赏杜鹃，夏观云海，秋眺秀色，冬览雪景，四季宜游，是集革命人文景观和旖旎自然风光为一体的好去处，是首批国家AAAAA级风景名胜区。井冈山是中国第一个红色革命根据地所在地，是中国革命的摇篮。1927年秋，毛泽东率领秋收

■ 红色井冈（摄影 樊建功）

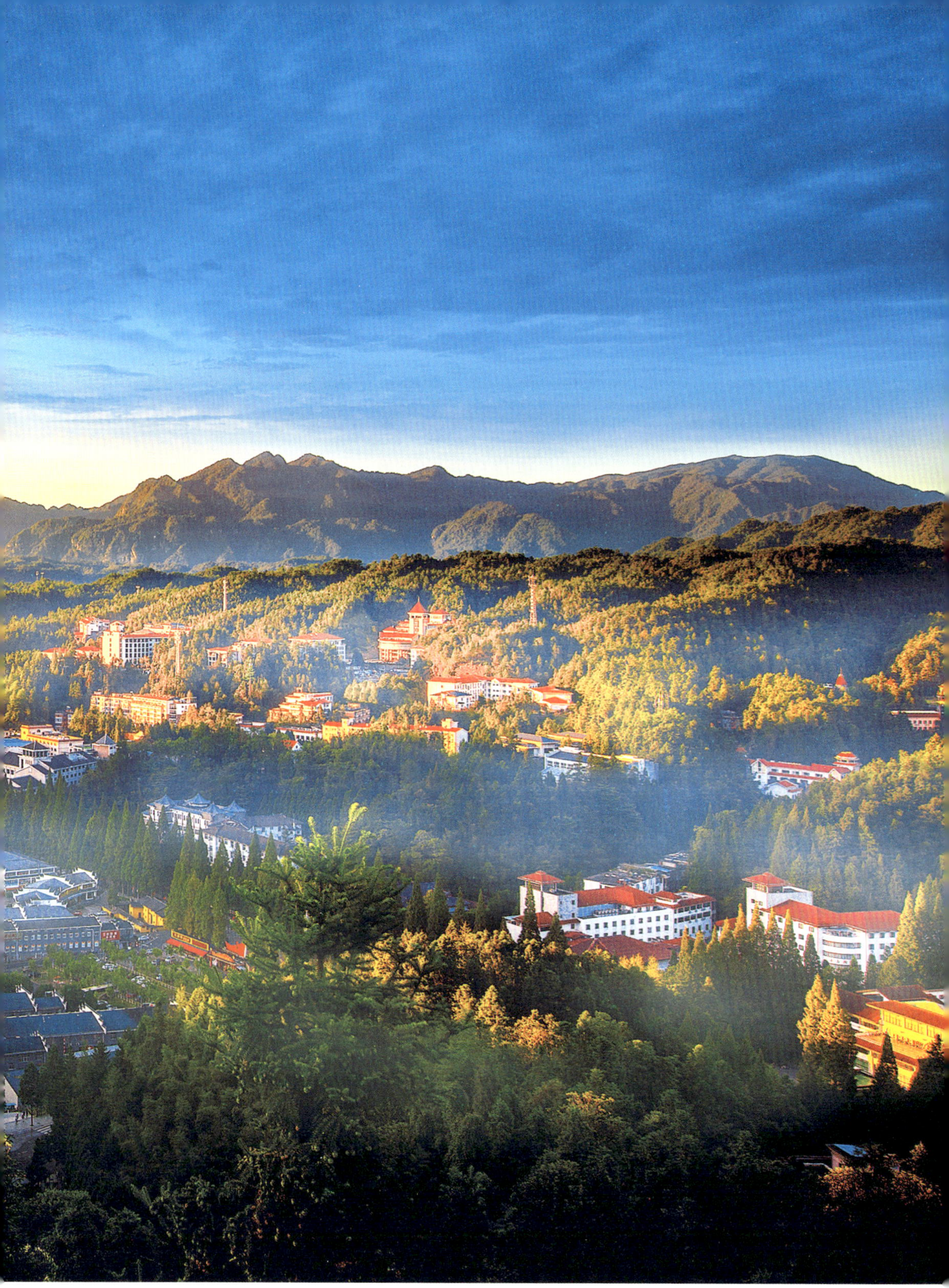

起义部队来到井冈山，在此创建了中国第一个农村革命根据地。1928年4月，朱德、陈毅率南昌起义部队来到了这里，与毛泽东胜利会师，中国工农红军第四军成立。从此，以井冈山茨坪为中心，红军开展武装斗争，开辟了一条农村包围城市、武装夺取政权的中国革命胜利道路。革命摇篮井冈山至今仍保留革命遗址100多处，其中26处被列为全国重点文物保护单位。同时，井冈山具有良好的自然生态环境，素有"绿色宝库"之称。全境保留有7000公顷的原始森林，植物种类达3800多种，其中珍稀物种达200余种。800多种动物资源中有国家一、二级保护动物20多种。井冈山属亚热带季风气候，温和湿润，7月平均气温24℃，是生态旅游、度假避暑旅游的理想之地。

二、白鹭洲书院

白鹭洲书院位于吉安市吉州区东部赣江中双水夹流之白鹭洲上。白鹭洲因形似白鹭得名。在洲东南的绿树丛中，有两座重檐叠阁、巍然耸立的古楼，这便是闻名遐迩的白鹭洲书院主体建筑风月楼和云章阁。书院由当时吉州太守江万里（都昌人，后任南宋丞相）创建于南宋淳祐元年（1241），他亲任山长并授课，办学宗旨是敦教化、兴理学、明节义、育人才。宝祐四年（1256），书院39人同登进士金榜，文天祥名列榜首，一时轰动朝野，宋理宗亲赐匾额"白鹭洲书院"。从此，书院声名大振。白鹭洲书院与庐山白鹿洞书院、铅山鹅湖书院、南昌豫章书院并称江西四大书院。2013年3月，被列为第七批全国重点文物保护单位。

白鹭洲书院（摄影 宋靖）

三、文天祥纪念馆

文天祥纪念馆位于吉安县敦厚镇东侧的文山公园内，始建于 1984 年。文天祥（1236—1283），字履善、宋瑞，号文山，吉州庐陵（今吉安市青原区）人，南宋大臣、文学家，杰出的抗元英雄。他 20 岁中状元，39 岁奉诏勤王卫国，40 岁任右丞相兼枢密使，督诸路军民抗元，兵败被俘，于元至元二十年十二月初九（公元 1283 年 1 月 9 日）英勇就义。存有《文山先生全集》，其狱中所作《正气歌》尤为世人所传颂。纪念馆为一组仿宋建筑，雄踞松竹葱郁的山岗之上，105 国道与吉井公路交会于脚下。馆舍为四合院结构，中为天井，四周长廊连接文山阁、四贤祠、竹居、状元楼、诗碑楼等。馆内

文天祥纪念馆

陈列有文天祥生平介绍及遗物、手迹、著作等。文天祥纪念馆为国家AAAA级旅游景区。

四、渼陂古村

渼陂古村位于吉安市青原区文陂镇，有村民600余户2800多人，开基于南宋初年，距今有850余年的历史。整个古村山环水抱，富水河穿村而过，天然形胜。村子四周有28口水塘环抱，村中绿樟成荫，其中以合二为一的连理樟、老干虬枝的驼背樟、倒地复生的卧龙樟最为有名。古村祠堂、书院林立，堪称庐陵古文化的博物馆。全村保存

渼陂古村（摄影 敖玉龙）

完好的古祠堂建筑共有 5 座，以其文化底蕴深厚而闻名遐迩。古书院更是古村一绝，书院内处处有儒家格言警句。此外还有古庙宇 1 座、古楼阁 1 座、古牌坊 3 座。渼陂古村为国家 AAAA 级旅游景区。

第十一节 抚州市主要景区

抚州市位于江西省东部，东邻福建省，南接赣州，西与吉安、宜春相连，北邻南昌、鹰潭，有"襟领江湖，控带闽粤"之称。抚州是一座历史悠久、文化底蕴深厚的城市，孕育了王安石、曾巩、汤显祖等许多杰出人物，承载着千年的历史记忆；是长江中游城市群、海峡西岸经济区、鄱阳湖生态经济区以及原中央苏区等重要城市之一；市域环境优美，被评为国家园林城市，是宜业、宜居、宜游的"三宜"城市。

一、麻姑山

麻姑山位于南城县建昌镇西，离县城约5千米，主峰海拔1064.3米。麻姑山概括起来有一溪、二洞、三

麻姑山

瀑、四潭、十二泉、三十六峰、九十九庙宇，可谓"山灵果实，福地洞天"。千百年来，它以俊秀奇丽的自然景观和优美的神话传说闻名于世，是我国东南道教名山与避暑游览胜地，也是道教第二十八小洞天、第十福地。相传古时麻姑女在此修道成仙。东晋葛洪来此炼丹，并将麻姑写入《神仙传》，从此麻姑山香火旺盛，道徒云集，成为东南道教名山。唐大历六年（771），时任抚州刺史的著名书法家颜真卿登游麻姑山后写下《麻姑仙坛记》，全文900多字，字体刚健雄浑，被誉为"天下第一楷书"。南宋初，道教神霄派创始人王文卿曾隐

居麻姑山修炼。麻姑山是南方天师道的一个重要传播中心,宋代皇帝多次加封麻姑一系列称号,并规定每年七月初七地方官员百姓都要进山朝拜麻姑仙女。麻姑山风景区是国家 AAAA 级旅游景区。

二、大觉山

大觉山风景区位于江西省东部的资溪县,是镶嵌在武夷山脉的一颗绿色明珠,气候温和,温度宜人,区位条件优越,生态资源丰富,是集自然景观、人文景观于一体的旅游休闲胜地,宗教文化浓郁,民俗文化多样。这里古木苍翠,溪流潺潺,怪石嶙峋,奇景迭出,随处

■ 大觉山漂流(摄影 蔡涛)

可见青藤老树、奇石清池,潺潺溪流点缀于景区之中。20多道瀑布飞流直下,溅起细雾万千。景区占地面积204平方千米,有日出水量1200吨的天然温泉及众多宗教文化遗迹和景点,是国家AAAAA级旅游景区。

三、流坑古村

流坑古村位于乐安县西南部,全村800户,4000多人,大都为董姓家族,他们尊西汉儒学家董仲舒为始祖。唐末战乱,董氏家族由安徽迁入江西。五代南唐升元年间(937—942),董合一支迁到流坑定

■ 流坑古村中巷

居，董合遂成为流坑村的开基祖。董氏的兴旺，从第三代董文广兴教办学、培育子弟开始。适逢北宋初年大兴科举，董氏学子联科及第，其中兄弟叔侄五人于宋仁宗景祐元年（1034）同科进士，五桂齐芳，士林中传为美谈。有宋以来，全村文武状元各1名，进士33名，举人78名，任知县以上官员的超过50人，最高级别的官员为参知政事（宰相）。董氏还有2名御医和多名在理学、经学、文学、武学、书法、建筑、经商等方面有建树之人。流坑村现存明清建筑数量众多，类型齐全，规模宏大，文化内涵丰富深厚，在全国自然村中首屈一指。村中有房屋500余栋，明清建筑和遗址260余处，祠堂50座，宫观庙宇8处，文馆、戏台各1座，它积淀丰厚，内涵深刻，堪称一座活的历史博物馆。流坑古村是中国古代农耕文明的典型，被誉为"千古第一村"。2001年，国务院公布流坑村古建筑群为第五批全国重点文物保护单位。

第五章 名优特产

江西物产丰饶。景德镇瓷器源远流长，闻名中外；樟树市的四特酒，被周恩来总理赞誉"清、香、醇、纯"；李渡高粱酒是中国国家地理标志产品；李渡毛笔、婺源墨、铅山连四纸、星子金星砚是文房用具中的瑰宝；遂川狗牯脑茶叶、庐山云雾茶、南安板鸭、南丰蜜橘、赣南脐橙等都享有盛誉；传统名菜"四星望月"和丰城冻米糖等点心闻名遐迩。

第一节　景德镇名瓷

一、青花瓷

青花瓷被人们称为"瓷国明珠"，是景德镇瓷工的创造发明，在元代就已经开始烧制，至明代，景德镇青花瓷以胎釉精细、青花浓艳、造型多样而负盛名。清代康熙、雍正、乾隆年间的青花瓷烧制成就更加显著。新中国成立后，青花器皿由过去的以单件为主，发展成以配套为主，图案更加精美，不仅多次在国内获金奖，还在法国莱比锡、捷克布尔诺和波兰兹南连获3块国际博览会金质奖章，实现了世界瓷坛"三连冠"的奇迹。青花瓷为釉下彩瓷，色泽经久不衰，不易磨损，具有"瓷不碎，色不褪"的特点。在中外交往中，青花瓷如同一枚永不凋谢的花朵，堪称"世界瓷坛珍品"。

■ 景德镇青花瓷（摄影 龚齐珍）

二、粉彩瓷

粉彩瓷又叫软彩瓷，早在清朝康熙后期，景德镇的粉彩瓷就已问世，雍正时相当精致，乾隆年间达到很高的艺术水平。"珠山八友"留下很多粉彩画的瓷器珍品。粉彩瓷在工艺上是在陶瓷颜料中调入"玻璃白"，使画面具有粉质感，立体感也很强。所绘图像表现力强，融汇中国工笔重彩的构图与技法。画面浓淡相间，阴阳衬托，形象生动，线条工细流畅，色彩清丽粉润，极富诗情画意。粉彩瓷在海外被誉为"玫瑰瓷器""东方艺术的明珠"。

三、颜色釉瓷

颜色釉瓷是瓷器中最富神秘色彩的艺术品之一。颜色釉瓷有许多种类别：通体一色者称单色釉，多色相间者称花釉；烧成温度在 1200℃以上的叫高温颜色釉，1000℃以下的叫低温颜色釉。釉料中含黏土、石英和助熔剂。着色剂主要为含有铜、铁、钴、锰等元素的化合物。低温颜色釉大多以自然界中的景物、动植物命名，如象牙窑红等。明、清两代的颜色釉瓷色彩就十分丰富，新中国成立后，更是无色不备，除恢复传统色釉 56 种外，又创新色釉 60 多种，如凤凰衣釉、彩虹釉等，产品畅销全世界。对于景德镇颜色釉瓷来说，虽然什么颜色都可烧制，但许多颜色釉瓷的配料和调制是十分困难的，如有"人造宝石"美誉的"祭红釉"，就有"千窑一宝"之说。

四、玲珑瓷

玲珑瓷是在瓷器坯体上通过镂雕工艺，雕镂出许多有规则的"玲珑眼"，釉烧成后这些洞眼成半透明的亮孔，十分美观，被誉为"嵌玻璃的瓷器"。玲珑瓷往往配以青花图案，所以又叫青花玲珑瓷。这种瓷器既有镂雕艺术，又有青花特色；既呈古朴，又显清新。除青花玲珑瓷外，还有彩色玲珑、薄胎玲珑瓷等非常精美的工艺美术瓷。景德镇玲珑瓷曾多次获国家金奖、优质奖，产品畅销 100 多个国家和地区。

第二节　文房四宝

一、李渡毛笔

李渡毛笔已有1700多年的生产历史。传说秦代蒙恬发明"柳条笔"不久，咸阳人郭解和朱兴由中原流入今江西李渡一带，在此传授制笔技艺。经过世代相传和改进，逐步形成一套独特的制笔工艺，博得了历代文人墨客的青睐。晋代著名书法家王羲之担任临川内史时，对李渡毛笔爱不释手，他的书法珍品有不少是用李渡毛笔书写的，李渡毛笔因此声名大振。新中国成立后，进贤县李渡镇成立了专业化的毛笔生产厂。李渡毛笔品种繁多、式样新颖、大小齐全、长短兼备，品类有狼、紫、鸡、羊、兼五毫，装潢分黑、白、花、炕四管，笔锋则有

文港毛笔（供图　进贤县摄影协会）

红、绿、黄、白、青、蓝、紫七色。"纯净紫毫""七紫三羊""墨翰"等名牌传统产品风靡日本、菲律宾、新加坡等国家。

二、婺墨

婺源制墨，始于南唐，因婺源旧属新安郡、徽州，故婺墨又称"新安墨""徽墨"。据《新安志》载："新安墨以黄山名，数十年来，造者乃在婺源黄冈山，戴彦衡、吴滋为最。彦衡绍兴八年以荐作'复古殿'等墨。其初为'双角龙'样。是米待制元晖（书画家米友仁——编者注）所画。"朝廷"以兹所造甚佳，例外支稿，设钱二万"，一时婺墨昌隆。据《清代名墨谈丛》所载百名制墨名手，其中婺源就有10位之多。当时婺源虹关村詹姓族人，在外地经营墨铺的有80多家，属徽墨中的一大派别。婺墨见赏艺林，享有"落纸如漆，万古存真"的美誉。新中国成立后，婺源墨厂继承和发扬了传统的制墨技艺，选用优质松烟、油烟、炭墨、骨胶、皮胶、广胶、麝香等原料，制出具有"入纸不晕、浓黑而光、防腐防蛀、耐久不变"特点的高级油烟书画墨、仿古珍藏墨和松烟、青烟等多种墨锭，品种达100余种，造型别致，纹饰精美，既可摆设观赏，又有实用价值，深受国内外书画家和各界人士的欢迎。婺墨不仅为书画家所青睐，还广泛应用在制图、印刷、测绘、装潢、描瓷等方面。

三、铅山连四纸

素有"寿纸千年""妍妙生辉"美称的铅山连四纸，早在明代就有生产，至今已有600多年的历史。铅山连四纸具有纸白如玉、厚薄均匀、永不变色、防虫耐热、着墨鲜明、吸水易干的特点，享有

"寿纸千年"美誉。用它所印刷的书，清晰明目，久看而眼不易倦。用于书写作画，着墨即晕，入纸三分。铅山连四纸是印刷古籍和书写、绘画的高档用纸，历来为国内外书画家所钟爱。

四、婺源龙尾砚

龙尾砚是婺源传统工艺美术品，始制于唐代。因婺源古属歙州，故龙尾砚又称"歙砚"，归属中国四大名砚之歙砚类，是砚史上与端砚齐名的珍品。婺源龙尾砚因砚石产自婺源县溪头乡的龙尾山而得名，其制作细巧，技术精湛，形佳质优，具有涩、细、润、坚等特色，为古今书画家所喜爱。有人赋予龙尾砚人性化赞誉，称其具有"坚、润、柔、健、细、腻、洁、美"八德之美。龙尾砚历史悠久，唐开元时就有砚品问世，南唐至宋代盛极一时，成为进献朝廷的贡品、艺坛的珍品。在南唐时期，后主李煜把龙尾砚、澄心堂纸、李廷珪墨三者称为"天下之冠"。自此以后，龙尾砚名闻天下。如今，龙尾砚在造型、纹饰、布局和技法上又有了新发展，既继承了优秀传统，又精心尝试创新，形成了一种清新、淡雅、古朴、简洁的艺术风格。现在生产出的龙尾砚品种繁多，有金星、银星、金晕、银晕等10多个品种，上乘之品为青黑色、绿色、紫色、白色。砚形也别致多样，有的形如桃，有的酷似琴、钟等。砚台中的池则有天池、月池、荷叶池、灵芝池，图案有秋声、浴牛、飞节、听雨等80多种。

五、金星宋石砚

金星宋石砚产于九江市庐山市横塘驼岭，迄今有1600多年的历史。此砚石质坚韧，刚而不脆，柔而不娇，温润莹洁，纹理缜密，有阴雕、阳雕、浅平雕、半立体雕、浮雕等多种工艺。其图案以仿制传统优秀作品为主,目前已仿制渊明砚、羲之喜鹅砚、兰亭佳景、鄱湖春色、庐山风光、岁寒三友等580余种花色图案。

第三节 夏布

一、万载夏布

夏布又名扁纱,是苎麻经过传统手工艺绩纱、纺织加工而成的苎麻布,是我国传统的床上用品及服装用料。万载夏布生产可追溯到东晋后期,至今已有1600多年历史。经过世代劳动人民的集体智慧创造,万载夏布的制作工艺日趋成熟,夏布既刚又柔、色泽诱人,"嫩白匀净,通行四方,商贾辐辏"。万载夏布具有优良的透气性、凉爽

■ 万载夏布（摄影 黄国洪）

性、排湿性及抑菌作用。其布面凹凸不平，有轻微的按摩作用，更好地发挥了天然纤维的优质属性。早在20世纪初，万载夏布就已远销海外，享誉甚远。

二、袁州夏布

宜春袁州区盛产优质苎麻。苎麻又称"中国草"，与袁州松花皮蛋、宜春脱胎漆器并称为"袁州三宝"。以苎麻为原料手工织就的夏布生产历史悠久，早在东汉时期，袁州一带就以传统木梭工艺从事夏布生产，在唐代作为袁州特产进贡朝廷。据《江西通志》载，江西夏布品质最精美，以袁州三阳所产最负盛名，素以"柔软润滑，平如水镜，轻如罗绡"而饮誉全国，远销日本、韩国、朝鲜及东南亚等地。

三、宜黄夏布

宜黄生产粗、细、漂白三种夏布，多产于石市、芳溪一带。明清时，宜黄、乐安等地是江南重要的夏布产地，其中尤以宜黄为最。民国初年，宜黄"夏布岁出六千六百匹有奇"。宜黄夏布纱质细软，经纬成宜，边缩平整，编织均匀，色泽清秀，不起皱褶，不易变形，能适应多方面的需要。宜黄夏布在国内各大城市和朝鲜市场上享有极高的声誉，构成别具特色的抚州（临川）服饰文化。

第四节　茶叶

一、婺源绿茶

婺源绿茶简称"婺绿"，产于峰峦起伏、云雾缭绕、气候温和、土质肥沃的婺源山区，以具有"条索紧结浑圆、泡水汤清叶绿、香气馥郁浓烈、滋味鲜爽醇厚"等特色而驰名中外。婺绿历史悠久，唐人陆羽《茶经》中就有记载。《宋史·食货志》将婺源的谢源茶列为全国六种名茶绝品之一。明清时期，被誉为婺绿中四大名茶的溪头梨园茶、砚山桂花树底茶、大畈灵山茶和济溪上坦源茶曾被列为贡茶。婺源绿茶从18世纪开始就已进入国际市场，光绪年间，曾获南洋劝业会金牌奖，"珠兰龙井"在英国赛会上荣获一等奖。

二、庐山云雾茶

庐山云雾茶产于江西庐山，因庐山多云雾，故名云雾茶。庐山云雾茶香气清爽而持久，味道醇厚而含甘，历来被饮者视为珍品，系我国十大名茶之一。庐山云雾茶始产于汉代，距今已有2000多年历史，宋代被列为贡茶。庐山云雾茶以"味醇、色秀、香馨、液清"

■ 庐山云雾茶（摄影 龚齐珍）

而久负盛名，畅销国内外。仔细品尝，其色如沱茶，却比沱茶清淡，宛若碧玉盛于碗中；味似龙井，却比龙井更加醇厚，若用庐山的山泉沏茶焙茗，就更加香醇可口。风味独特的云雾茶受庐山凉爽多雾及日光照射时间短等气候条件影响，形成叶厚、毫多、醇甘耐泡、含单宁芳香油类和维生素等特点。

三、遂川狗牯脑茶

狗牯脑茶产于遂川县汤湖镇海拔900米的狗牯脑山，因产地而得名。此茶的显著特点是：叶片细嫩均匀，碧色中微露黛绿，表面覆盖着一层柔细软嫩的白绒毫，望而见莹润生辉，闻而觉清香扑鼻，泡一杯茶仅需5至7片茶叶，茶水清澄而略呈金黄，喝后清凉芳醇，香甜沁人心脾，口中甘味经久不散，被列为珍品和贡品。其茶质之所以优良，主要是产茶地土质、气候特异，选料精细，制作工艺考究。它以一芽叶为原料，经过严格拣青、定量杀青、定向初揉、复炒二青、"∧"形复揉、整形做毫、文火足干七道传统工序加工而成。

四、井冈翠绿茶

井冈翠绿茶产于海拔800余米、群峰环抱、佳木葱郁、云雾缥缈的井冈山茨坪。井冈翠绿茶有"色泽绿、汤色绿、叶底绿"三大特色。其制作精细，用料严格，采用传统手工操作，外形秀丽，色泽绿润，香味持久，冲泡后芳香四溢，并有独特的兰花香味，饮之回味无穷，被评为"江西名茶"。

五、修水宁红茶

宁红茶是我国最早的工夫红茶之一，主产江西修水县。修水红茶的生产始于清道光年间（1821—1850）。《义宁州志》记载："道光间，宁茶名益著，种莳殆遍乡村，制法有青茶、红茶、乌龙白毫、茶砖各种。"因当时修水县属义宁州，故所产红茶被称为宁红。宁红茶素以条索秀丽、金毫显露、苗锋修长、色泽红艳、香味持久而闻名中外。国内外茶商、专家誉其"茶盖中华，价甲天下"。

六、浮梁浮红茶

浮梁红茶素以色、香、味皆优而受到人们的喜爱，一向被视为茶中珍品。唐代诗人白居易在长诗《琵琶行》里就有"商人重利轻别离，前月浮梁买茶去"的描写。景德镇旧属浮梁，"浮红"之称即由此而来。早在唐代，浮梁就开始生产茶叶。唐宪宗年间（806—820），每年浮梁茶的产量达到700万驮，税收15万余贯（占全国八分之三）。浮红茶制茶工艺精细，香气浓郁，滋味清鲜持久，汤色红艳明亮。1915年曾在巴拿马万国博览会上荣获金质奖章。

七、宁都小布岩茶

小布岩茶是赣南创制的独具一格的国际名茶，产于宁都县小布镇。因茶叶生长于雩山山脉钩刀咀峰的岩背脑而得名。这种茶外形弯眉显毫，条索秀丽，嫩香持久，还伴有一种兰花的清香。泡出来的茶汤黄绿明亮，香气持久，滋味醇厚，冲泡三到四次滋味仍然不减。

第五节　水果

一、赣南脐橙

赣南脐橙是中国国家地理标志产品，获"中华名果"等称号。赣州市位于赣江上游，气候温和，雨量充沛，光照充足，昼夜温差大，无霜期长，非常适合脐橙的生长。赣南脐橙的果实大而形状规则，果皮橙红鲜艳、光洁美观，因橙子底部像人们的肚脐而得名。其肉质细嫩，风味浓甜芳香，享有"脐橙入房，香味满堂"之誉，可食率达85%。赣州市脐橙种植面积全球第一，年产量稳定在180万吨左右，是中国最大的脐橙主产区，被誉为"世界橙乡"。"赣南脐橙"为中国驰名商标，以691.27亿元的品牌价值，居全国区域品牌（地理标志产品）水果类第一名。

赣南脐橙

二、南丰蜜橘

驰名中外的南丰蜜橘已有 1300 多年的栽培史,它以"皮薄汁多、少核无渣、色泽金黄、浓郁芳香、甜酸适口、营养丰富"被历代皇室列为贡品,故又称"贡橘",是江西省的名贵特产。唐宋八大家之一、南丰籍的曾巩曾写诗赞美家乡的柑橘:"家林香橙有两树,根缠铁钮凌坡陀。鲜明百数见秋实,错缀众叶倾霜柯。翠羽流苏出天仗,黄金戏球相荡摩。入苞岂数橘柚贱,芼鼎始足盐梅和。江湖苦遭俗眼慢,禁籞尚觉凡木多。谁能出口献天子,一致大树凌沧波。"

三、遂川金橘

金橘又名金柑,在遂川的种植历史已有千年,宋代就闻名京师,成为贡品,欧阳修誉之为"珍果"。遂川金橘享有"橘中之珍"的盛名,色、香、味、形俱佳。其鲜果色泽金黄,外形如椭圆或卵状椭圆,具有肉厚皮薄、略带微酸、芳香悦人、风味醇厚、营养丰富的特点。据《本草纲目》介绍,金橘有较高的药用价值,"主治下气快膈,止渴,解醒,辟臭,皮尤佳"。金橘的果实煎汤或泡茶内服,能理气、解渴、止咳、化痰、治胸闷郁结、伤酒口渴、食滞胃呆。

四、三湖红橘

新干县三湖镇的红橘栽培历史可追溯到西晋,迄今已有 1700 多年的历史。自宋朝始,三湖红橘被列为皇宫贡品。清乾隆皇帝赐"大红袍"之称。此后,三湖红橘拥有了一个亮丽的名字——大红袍,令无数文人墨客咏叹不已。南宋著名诗人范成大曾有诗咏"芳林不断清江曲,倒影入江江水绿",形象地描述了三湖橘林盛景。

五、南康甜柚

南康甜柚又名"斋婆柚",皮薄肉厚,清香四溢,具有滋心润肺、清肝明目之功效,且贮藏方便,素有"天然罐头""果中珍品"的美称,在清代曾列为贡品,于海内外都享有很高声誉。南康甜柚栽培历史悠久,南北朝时,刘敬叔所著《异苑》中记载:"南康归(一作皈——编者注)美山石城内,有柑橘、橙、柚。"宋代大文豪苏东坡在南康作诗《留题显圣寺》曰:"幽人自种千头橘,远客来寻百结花。"可知北宋时南康甜柚即已闻名遐迩。

六、上饶早梨

上饶早梨产于上饶市广信区南乡一带,已有400余年的栽培历史。上饶早梨以其果大皮薄、质地细嫩、汁多渣少、味甜微酸、酥脆可口、品质优良而久负盛名。上饶早梨含有多种营养物质,并具有生津润肺、清热化痰、解热清暑等功效,为中成药"雪梨膏"的上佳原料。上饶早梨早在清朝就以地方名特产而上贡宫廷。

七、江湾雪梨

婺源江湾古镇,处于锦峰绣岭、清溪碧河之间。江湾雪梨因盛产于这一带而得名。据《婺源县志》记载,明代婺源人从歙县丁字桥引进梨苗,与当地野生棠梨嫁接而得此优良梨种。江湾雪梨体大肉厚,皮薄核小,汁纯味美,松脆香甜,是梨中之珍品。江湾雪梨品种有六月雪、西降坞、白梨、苏梨、马铃梨等,尤以西降坞梨为上品。

八、江西梨瓜

江西梨瓜是我国甜瓜中的珍品,在江西广泛种植,生产地集中在上饶及南昌的新建区、向塘镇等地。其瓜色洁白,外形像梨,香甜可口。其大小、形状与著名的兰州白兰瓜很类似,但又不尽相同。白兰瓜吃肉不吃皮,浓甜如蜜;江西梨瓜属于薄皮瓜,不仅肉好吃,而且皮极薄,带皮吃依然香甜宜人,没有余渣。"脆、甜、香"三个字恰当地概括了江西梨瓜的特点。

九、上饶马家柚

马家柚因其母树位于上饶市广丰区大南镇古村马家自然村而得名,是一种优质的柚类水果。它以其卓越的品质和丰富的营养价值,果实大、甜度高而深受消费者喜爱。

十、于都大盒柿

于都大盒柿的栽培历史悠久。其果大肉肥,无核,一般个重达半斤以上。柿皮细薄,汁多味甜。特别是含糖量高、含酸少,在水果中甜度居前,人称"小蜜罐"。

十一、安义枇杷

安义县所产的枇杷,果实圆形,表皮薄嫩,肉质厚实,鲜甜微酸,汁多爽口,风味独特。它还含有丰富的蛋白质、脂肪、维生素C、糖和钙、镁、铁等等元素,营养价值很高。枇杷鲜果既可生食,又可制成罐头、果酒和果酱。用枇杷的叶、果核、果汁加冰糖可熬成枇杷膏,有清肺、止咳、润喉、生津之功效。

十二、会昌荸荠

荸荠俗称马荠、地梨,其形似扁球,皮色紫红,肉白脆甜,可生吃,亦可熟食,还可加工成荠粉。会昌荸荠个大皮薄,肉嫩味甜,多浆无渣,清代曾被列为贡品。清同治《赣州府志》载:"荸荠以会昌黄垄者为最,外紫里白,甘而多浆,距地二尺许,掷之辄碎,他产不能也,故宜作贡。"

十三、井冈蜜柚

井冈蜜柚是吉安市井冈山周边县市及安福县、吉水县等地的良种甜柚,主要品种包括金沙柚、金兰柚和桃溪蜜柚。金兰柚因其优良的品质被誉为"井冈蜜柚之王"。井冈蜜柚具有果肉脆嫩、果汁多、风味甜爽适口、味醇正、籽较少等特点,品质极佳。其遗传性状稳定,早熟丰产,一般在每年的9月上中旬成熟。井冈蜜柚的营养价值很高,富含维生素和人体必需的矿物质,特别是维生素C含量可高达每100克125毫克。它具有调节人体新陈代谢、降压舒心、祛痰润肺、消食醒酒、健脾消食等作用,还富含类胰岛素等成分,有助于降血糖、降血脂。

第六节 山珍

一、庐山石耳

庐山石耳与黑木耳同科,黑褐色,表面有绒毛,生长在海拔1000多米的高山峭壁上。它含有多种维生素,是滋阴润肺的高级补

庐山石耳（供图 九江市史志办）

品，可做成菜肴，也可做汤。明李时珍在《本草纲目》中记载："石耳气味甘、平、无毒。久食益色，至老不改，令人不饥，大小便少，明目益精。"

二、德兴铁皮石斛

德兴市气候温和，雨量充沛，适宜铁皮石斛等多种中药材生长，所产石斛质坚实、易折断，断面呈细纤维性，灰色至灰绿色，其气微，味淡，嚼之有黏性，具有滋阴、润肺、强肾等功效。2016年，农业部批准对"德兴铁皮石斛"实施农产品地理标志登记保护。

三、江西银耳

银耳是一种真菌，又名白木耳，可用来炒菜、煮汤或做甜品，是高级滋补品。江西银耳生产历史悠久，产量居全国前列。中国科学院有关研究资料显示，每100克银耳中，含有蛋白质5克，脂肪0.6克，碳水化合物79克，钙381毫克，磷250毫克，铁30.4毫克，还含有

维生素 B_1、维生素 B_2、烟酸等。具有强精补肾、润肺生津、止咳降火、润肠养胃、补气血、强心补脑等功效。著名的银耳炖鸡、冰糖银耳既是滋补品，又是传统佳肴。

四、安远香菇

香菇是安远的传统特产，又名冬菇，芳香浓郁，肉质脆嫩，滋味鲜美，营养丰富。它含有人体必需的 8 种氨基酸、30 多种酶、多种维生素及矿物质元素，被称为"菜中之王"。

五、井冈山玉兰片

井冈山玉兰片主要产区在长坪、东上、茅坪、黄坳、下七。玉兰片分为宝尖、冬片、桃片和春花四个品种。玉兰片富含氨基酸、矿物质和多种维生素，除食用味道鲜美外，还有一定的药用价值。《本草纲目》记载竹笋（玉兰片的原料）"消渴、利水道"；南朝梁陶弘景《名医别录》说它"利膈下气，消炎爽胃"，对人体很有裨益。玉兰片是井冈山的传统特产，常年行销全国。

六、宜春冬笋

宜春产冬笋，也是冬笋的集散地之一。冬笋芽黄肉白，香甜脆嫩，大小均匀，属纯天然绿色食品，是笋中的佼佼者。其品质又优于春笋，且更鲜、更嫩，被誉为"笋中皇后"。

第七节　畜禽水产

一、泰和乌鸡

泰和乌鸡是我国特有的珍禽品种。泰和乌鸡又称武山鸡、羊毛鸡、白丝毛鸡、白凤凰等，其营养价值高，含有丰富的人体必需的氨基酸，胆固醇含量低，是典型的健康食品。它还具有很高的药用价值，《本草纲目》中记载乌鸡："甘、辛、热、无毒""内托小儿痘疮"。目前，以泰和乌鸡为主要原料制成的中成药就有数十种。

■ 泰和乌鸡

二、万载三黄鸡

万载三黄鸡原称康乐鸡，因嘴黄、毛黄、脚黄而得名。在乡村已有1700多年的放养历史。晋朝时，晋武帝喜食，属贡品。三黄鸡繁殖快、成熟早、产蛋多、适应性强，因皮薄、肉嫩、骨脆、味鲜而驰名中外。

三、会昌麻鸭

会昌麻鸭具有体形小、成熟早、产蛋多、耗料少的特点，属优良产蛋鸭。公鸭头颈部上段羽毛为青绿色，体部羽毛呈深褐色，背腰羽毛是芦花色。

四、兴国灰鹅

兴国灰鹅是一种优质的食用家禽，历史悠久，品种优良。其头大脖粗颈长，毛呈灰色，皮肉白嫩，趾蹼粗宽，体形丰满。鹅的营养价值和药用价值都很高，胃内膜（鹅内金）、鹅血、鹅胆和鹅掌均可入药。兴国灰鹅具有觅食力强、耐粗饲、抗逆性强、生长快、个体适中、肉嫩味美、骨脆皮薄、脂肪低、蛋白质及碳水化合物含量高、肥而不腻、营养丰富等特点。

五、广丰山羊

广丰山羊具有性温顺、喜干燥、喜就高、爱运动、性合群、喜清洁、食性杂、耐粗料、繁殖率高、适应性广、抗病力强等特点，是江西省皮肉兼用的地方良种畜禽之一。

六、兴国红鲤鱼

兴国红鲤鱼素有"金狮红鲤鱼"的美称，与婺源县的荷包红鲤鱼、万安县的玻璃红鲤鱼齐名，一同被誉为"江西三红"。该鱼肉质鲜美，营养丰富，含有多种氨基酸，具有补气、养血、安胎、止咳的功效。此外，兴国红鲤鱼通体红艳，外形美观，还是一种具有较高观赏价值的鱼种。

七、婺源荷包红鲤鱼

婺源荷包红鲤鱼头小尾短，背部隆起，腹部肥大，形似荷包，体色全红。据载,明朝万历年间,户部右侍郎、总理漕储的婺源人余懋学(后追封为尚书)曾以此鱼礼贡皇上,以示家乡"物华天宝"。神宗皇帝见此鱼雍容华贵之体态、鲜艳吉庆之色彩而"龙颜大悦",称之为"圣鱼",放养于故宫御苑池中,使之得以"常伴君侧"。此鱼有较高的营养价值和药用价值,我国清代著名的学者汪绂曾在《医林纂要探源》一书中写道,此鱼"和脾养肺,平肝补心,孕妇最宜食之。安妊孕,好颜色,止咳逆,疗脚气,消水肿,治黄疸。行水之功,鱼类所同,此则更能滋阴而养阳"。

八、万安玻璃红鲤鱼

万安玻璃红鲤鱼鱼体透明全红,幼体时透过鳍翅可见其内脏。成鱼肉嫩鲜美,富含 18 种人体必需的氨基酸,其含量比草鱼、青鱼高出 25%,具有很高营养价值。

九、鲥鱼

鲥鱼为洄游性鱼类。李时珍在《本草纲目》中记载:"形秀而扁,微似鲂而长,白色如银。"鲥鱼原是一种海鱼,每年春末夏初排卵繁殖期,它们成群结队地由海入江,逆水而上,形成一年一度的鲥鱼汛。鲥鱼溯长江而上,取道鄱阳湖,入赣江。鲥鱼的外形扁而长,大的长半米多,腹薄如刃,鳞粗而亮,脂肪丰腴,其色白如银,古时亦称"银光鱼"。与别的鱼不同的是,它的头上有个美丽的红点。

十、鄱阳湖银鱼

鄱阳湖是中国银鱼的主产区之一。银鱼又称脍残鱼、白小。

它身体细小，头扁，通体透明、雪白，因而得名。银鱼除具有一般鱼类高蛋白、低脂肪、富含磷等特点外，还含有多种氨基酸等成分，具有健胃、健脑等功能。其肉质细嫩，味道鲜美，是人们喜爱的佳肴。银鱼的药用价值也很高，具有益脾、润肺、补肾、增阳、去虚、补益等功能，是上等滋养补品。

十一、江西甲鱼

甲鱼又称鳖或团鱼，是一种卵生两栖爬行动物。其头像龟，但背甲没有乌龟般的条纹，边缘为柔软的裙边，颜色墨绿。甲鱼常在水底的泥沙中生活，喜食鱼、虾等小动物，瓜皮果屑、青草以及谷物等也吞食。江西各地的江河湖泊中都有甲鱼的踪迹，其中以全国第一大淡水湖鄱阳湖为最多，品质亦最佳。甲鱼营养丰富，富含蛋白质、脂肪、钙、铁、动物胶、角蛋白及多种维生素，是不可多得的滋补品。甲鱼还可入药，其背壳具有滋阴补阳、散结平肝之功效，常用于医治咳嗽、盗汗、肾亏、闭经等症。

十二、军山湖大闸蟹

因原产于进贤县军山湖而得名。军山湖大闸蟹体大肉肥，其中最大的"蟹王"重达600克，最大的"蟹后"重达408克。该蟹营养丰富，美味可口，是酒店及居家聚会的佳肴。是中国国家地理标志产品。

第八节 名酒

一、樟树四特酒

四特酒产于樟树市。它源于商周,成型于宋代,得名于元明时期,具有"清亮透明,香气浓郁,味醇回甜,饮后神怡"四大特点。至明清发展成为具有独特风格的白酒。四特酒选用优质大米为原料,以小麦酿制的大曲为糖化发酵剂精细酿造而成,是特香型白酒。周恩来总理曾对此酒有"清、香、醇、纯,回味无穷"的评语。四特酒先后获得轻工部酒类质量大赛银杯奖、第五届全国白酒质量评比国优银奖、"江西名牌产品"等诸多殊荣,四特品牌为"中国驰名商标"。

二、临川贡酒

临川贡酒历史悠久。王安石为相时曾以此酒献给宋神宗,神宗皇帝品尝后非常喜欢,此酒由此而得"临川贡酒"美名。临川贡酒选用优质原料,以传统工艺精酿而成,清亮透明,香气幽雅,先后获"江西名酒"称号及中国食品名牌产品奖、马来西亚国际食品博览会银奖。

三、赣酒

赣酒史称新淦烧酒,产于新干,源于3600年前的夏商时期的虎方国(国都新干),得名于秦代。赣酒选用优质糯高粱、小麦为原料,经九蒸八酿七次取酒而成,酒体酱香突出,丰满醇厚、优雅细

赣酒（供图 新干县史志中心）

腻、回味悠久、空杯留香持久。赣酒先后获第五届国际名酒博览会金奖、"江西名酒"称号，被誉为"江南小茅台""江西礼宾酒"。

四、南城麻姑酒

南城麻姑酒为江西传统名酒，属甜黄酒，以香气浓郁、味美甘甜、酒性柔和、醇度适中而闻名。此酒选用麻姑山优质糯米和泉水精心酿制，并采集麻姑山芙蓉峰特产首乌、灵芝等20余味中药材，封缸3年以上而成。麻姑酒液呈琥珀色或棕红色，晶莹透亮，具有性温滋补、舒筋活血、清脑提神、祛风壮骨之功效。

五、清华婺酒

清华婺酒曾被誉为江西四大名酒之一，产于婺源县。该酒采用优质大米和山泉水为原料，以大曲为糖化发酵剂，然后用淡竹叶、当归、砂仁、檀香等 12 种名贵中药浸汁，用冰糖、白糖煎成糖液，按科学配方精制，经过抽清、过滤、封缸贮藏后出厂。清华婺酒始创于 1959 年。清华婺酒色泽金黄透明、芳香浓郁、口味醇正、进口甜、落口绵，有健胃、养血、益气之功效。

六、泰和白凤乌鸡酒

泰和白凤乌鸡酒是泰和县的著名产品，以优质米酒为酒基，以正宗泰和乌骨鸡为特有原料加配名贵中药材，以《本草纲目》为理论依据，采用现代生物技术与传统工艺相结合的方法精酿而成，酒香馥郁，醇厚柔和，男女皆宜。该酒含有多种氨基酸、微量元素、黄酮类化合物和三萜皂苷等成分，具有滋阴补肾、补血益暖气、健脾胃以及预防皮肤老化等功效。

七、鄱湖桂花酒

鄱湖桂花酒源于北宋鼎盛时期，当时称黄酒，享誉天下，流传至今。九江市鄱湖酒厂生产的鄱湖桂花酒，采用鄱湖优质糯米，按照古方精酿而成，酒香醇厚绵甜，余味悠长，具有"酒醉人未醉，他香我犹香"的特色，且有醒脑、启智、滋阴补肾、调节阴阳二气的功效。

八、李渡高粱酒

李渡高粱酒，具有色泽清亮、味道醇香、饮之不"上头"、醉之不口渴的特点，是中国国家地理标志产品。李渡烧酒作坊的酿酒历史可追溯至元代，历经明清，延续至今。李渡烧酒作坊遗址为全国重点文物保护单位，是中国时代最早、遗址最全、遗物最多、时间跨度长且富有地方特色的大型古代烧酒作坊遗址。

九、吉安堆花酒

吉安堆花酒原为庐陵谷烧，具有千年酿造历史。堆花酒以高粱、糯米为原料，采用四甑混烧、混蒸发酵酿制而成。堆花酒名出自南宋文天祥之口，文天祥早年于白鹭洲书院求学时偶至县前街，但见当地谷烧倒入杯中，酒花迭起，酒香阵阵，脱口道："层层堆花真乃好酒！"从此堆花酒名渐渐传遍大江南北，成为当地的传统佳酿和江西省名酒。

十、九江陈年封缸酒

九江陈年封缸酒是江西传统名酒，起源于1000多年前的唐元和年间（806—820），当时称作醅酒，即未经压榨过滤的米酒。九江陈年封缸酒属甜黄酒系列，用优质糯米和本地矿泉水酿制而成，色泽晶莹剔透，口味醇厚爽甜，具有性温滋补、舒筋活血、增进人体血液循环的功能。该酒多次被评为"江西名酒""江西优质酒"和"全国优质酒"。

第九节　名菜

一、赣菜"十大名菜"

宁都三杯鸡　三杯鸡为宁都宴席用菜，风味独特，历史悠久。据传很久以前，有一乞丐与母亲相依为命，其母病卧床，奄奄一息，儿为母尽孝，设法讨来一只母鸡宰杀和处理干净，又向富户讨来一杯米酒、一把盐、一匙油掺和一起，用砂钵炖熟喂其母，鸡香四溢，引

■ 宁都三杯鸡（摄影 龚齐珍）

来隔壁一位官厨，尝后觉得味道甚鲜。后来，这位官厨不断改进制作方法，以一杯素油、一杯酱油、一杯米酒为调料，并取名"三杯鸡"。三杯鸡需选用生长10个月的三黄雏鸡，将鸡切成块状，放在砂钵内，只放一小杯甜酒、一小杯猪油、一小杯酱油，用炭火加温将鸡炖熟，然后加上麻油20克即可。因烹制不加水，故原汁原味，酥烂而味浓醇香。

莲花血鸭 莲花血鸭是莲花县传统佳肴，自明清以来就享有盛誉，以味道香辣、颜色协调、鲜嫩可口而闻名。制作时，选用肥嫩鸭子，杀时将鸭血装入盛有2至4两酒的碗内，再将净鸭切成小块入油锅炒干水分，加入佐料、水，用中火烹烧，待烧至将干未干时，将血酒倒入，鸭肉与鸭血充分融合，茶油与辣椒增香提味，加酱油拌匀后盖锅数分钟即成。小块的莲花血鸭吸收了每一滴汤汁的精华，造就了这道美食。清末帝师、莲花人朱益藩将此菜献给皇帝，莲花血鸭由此登上宫廷菜谱，名噪一时。

第五章　名优特产

四星望月　四星望月是兴国传统名菜,其主菜为米粉鱼,外加4道炒菜。米粉鱼居中,代表月亮,4道炒菜分拥四周,代表星星,犹如星围月转。此菜色泽鲜艳,红绿相映,味道微辣。1933年,毛泽东在兴国长冈等地调查期间,陈奇涵请毛泽东到他家做客。陈母做了一笼"米粉鱼"置餐桌中央,四周围拥4碟菜。毛泽东边吃边赞味道好,询问菜名,陈母一时说不上,只是微笑。毛泽东风趣地说:"就叫'四星望月'吧。"从此,"四星望月"就在兴国县乃至中央苏区传开了。

余干辣椒炒肉　余干辣椒炒肉是饶帮菜的代表之一,嫩香爽口的余干辣椒是这道菜的"灵魂"。余干辣椒已有600多年的种植历史,是明清时期进贡朝廷的地方特产,现为国家地理标志产品。余干辣椒具有肉厚、皮薄、味香、辛辣适中、营养丰富的特点,与新鲜五花肉一同烹制而成余干辣椒炒肉,最简单的烹饪手法迸发出极致的口感,让人食后回味无穷。

井冈烟笋　八百里井冈竹木繁茂,被世人称为"绿色宝库"。优质的生态孕育了美味山珍,有"竹林海参"之誉的井冈烟笋最具代表性。将鲜嫩爽脆的大竹笋剥去层层笋衣后,用山泉水煮软,木炭文火焙烤,熏制成黑褐色的烟笋,配上五花肉、腊肉和切成丝的红辣椒一同翻炒,出锅后细长的烟笋层层置于盘中,丝丝红椒装点,红褐相间,菜色喜人。笋肉结合,香而不腻,肉味更显甘美,笋味更显绵长。

白浇雄鱼头　白浇雄鱼头是九江的一道名菜,它利用以蒸代煮的烹调方式,极致地还原了鱼头原有形态,在锁住鲜味的同时,保留了食材的本味。烹饪过程中搭配特色酱料,使整道菜的味道更加丰富,鱼嘴胶质感浓,鱼肉肥嫩鲜美,汤汁酸辣适度,鲜香浓郁。

鳜鱼煮粉 鳜鱼是淡水鱼类中的极品。鱼米之乡的鄱阳人,在漫长的岁月中将煮鱼的技法臻于化境。在旺火炖煮的奶白色鳜鱼汤中,加入韧性十足、润滑爽口的江西米粉,将米粉的清香完全融入鳜鱼中,鲜嫩的鱼肉,配合爽滑的米粉,再来一口鲜美的鱼汤,令人回味无穷。

甲鱼粉皮 据传,汤显祖构思《牡丹亭》时,书童为他做了一碗甲鱼粉皮,汤显祖食后精神倍增,顺利完成了《牡丹亭》的创作。由此,甲鱼粉皮成为一道传世名菜。这道菜的做法是:取新鲜甲鱼宰杀、清洗,烫后剁块,和已浸泡的粉皮一同爆炒后,舀入鲜汤烧沸,再移至小火上焖烧。甲鱼味道嫩滑鲜美,香味浓郁,肉质软烂;粉皮充分吸收甲鱼的鲜美滋味,口感弹韧,入口顺滑,回味绵长。

藜蒿炒腊肉 藜蒿炒腊肉是南昌人喜爱的一道佳肴,常以此菜待客。藜蒿是鄱阳湖地区特有的一种水草,中医认为其味甘、性平、微毒,可清热、利湿、杀虫。此菜色泽翠绿,脆嫩爽口。它之所以上桌为菜,源自古时的一段传说。相传东晋许逊弃官返乡,兴修水利,足迹遍及江西诸县。一年春天,他到鄱阳湖一个孤岛上勘察时,突遇大风,困于岛上好几日,所带干粮已尽,只剩一点腊肉。许逊望着大片藜蒿,饥肠辘辘,自言道:"要是这种草能吃就好了。"家人接过话说:"我们不妨试试看。"于是他随手拔出一些嫩根洗净,与剩下的腊肉一同烹制。谁知大家一尝,其味极佳。许逊感叹道:"真是天无绝人之路啊!"许逊及其家人、同伴靠着这藜蒿渡过了难关,待风平浪静后,他们载运了一船藜蒿送给南昌人炒制品尝。从此,藜蒿炒腊肉成了南昌的地方风味菜。其制作方法是:炒锅烧热后放熟猪油,先将腊肉丝下锅炒出香味,再将藜蒿、韭菜、干辣椒下锅同炒,随后配适量精盐、料酒、味精及少许水,稍炒后淋上香油而成。

滋补泰和乌鸡 滋补泰和乌鸡以乌鸡、枸杞、党参、红枣等食材隔水蒸制3小时而成,肉质酥烂可口,汤色清澈甘醇,是温补养气的佳品,千百年来广受百姓欢迎。

二、赣菜"十大名小吃"

瓦罐煨汤 瓦罐煨汤采用多种名贵药材,科学配方,精配食物,加以天然矿泉水,置于一米大小的巨型大瓦罐内,再以优质木炭恒温焖制六小时以上。瓦罐之妙,在于土质陶器秉阴阳之性,久煨之下原料鲜味及营养成分充分溶解于汤中,汤汁稠浓,醇香诱人,风味独特,食补性强。该汤充分吸收中药材的药理成分,具有消除疲劳、补肾强身、益智健体、延年益寿的作用,达到了食补的最佳效果。瓦罐汤的食材种类丰富,很多食物甚至药材都可以用来煨制。如煨制冬瓜排骨汤时,可以加入海带、墨鱼等配料;煨制鸡汤时,可加入红枣、花生、莲子、天麻、人参等。

南昌米粉 南昌米粉具有洁白细嫩、久漂不烂、久炒不碎的特

■ 南昌炒米粉(摄影 龚齐珍)

点，其制作和食用历史悠久。其主要原料是优质晚米，制作时经过浸米、磨浆、滤干、采浆等多道工序。南昌米粉吃法多样，可以凉拌、热炒、水煮等。

瑞金牛肉汤 瑞金牛肉汤，又叫"兜汤"，属于客家菜，为赣南客家菜"十大名小吃"之一。该菜品以牛肉及生姜为主要食材制作而成，突出牛肉主料，注重火功，讲究原汁原味、汤鲜肉嫩。自清朝开始，背部不能驾辕的牛，谓之"菜牛"，牛肉汤从此进入瑞金人的餐桌，传承成为瑞金市非物质文化遗产项目，也被评选为"中国名小吃"。

弋阳年糕 弋阳年糕，弋阳县是中国国家地理标志产品，又名弋阳大禾米粿，是弋阳县传统特色食品，历史悠久，源远流长，制作始于唐代，已有1200多年的历史，它以弋阳大禾谷米为原料，采用"三蒸两百锤"的独特工艺制作而成，以白洁玉润、柔韧爽滑而著称。弋阳年糕口味纯正、不黏不腻、柔软爽滑、柔韧可口，久煮不糊，食用方便，咸甜均可，蒸、炒、烤、煮皆宜。弋阳本地的家常做法是将年糕切片与肉丝、豆芽、冬笋丝、青菜炒至年糕变软后加水，然后再根据口味加辣椒或狗肉，味道极佳。弋阳年糕还可以用炭火烧烤或放入火锅、加入稀饭等一起煮，从而使它的香味更加浓郁。

九江萝卜饼 萝卜饼是九江市的地方传统名吃，以发面、酥面为皮，以萝卜丝为馅，煎制而成。成品色泽金黄，外焦里嫩，鲜香可口。因其外香里嫩受到了广泛的欢迎，同时以其经济实惠，成为众多当地人的特色早餐。以九江萝卜饼就着稀饭、豆浆或者牛奶一并食用，别有一番风味。

井冈糍粑 井冈糍粑主要由糯米制成。制作过程中，将糯米蒸熟后捣成糍粑，可以根据个人口味加入红豆、芝麻等。这种糍粑口感软糯，甜香适中，是井冈山地区民间非常常见的一种点心。

瑞州烧麦　瑞州烧麦是高安的有名小吃，以其香甜酥烂、甜而不腻的特点深受广大食客的喜爱。瑞州烧麦的选材讲究，主要选用当地散养的土猪肉、老面馒头屑、芝麻、白糖等原材料精制而成。刚出炉的烧麦皮似水晶，色泽诱人，让人垂涎欲滴，配上醋一起食用，味道浓香，入口即化，满嘴留香。

碱水粑　碱水粑是景德镇市的经典地方小吃，具有独特的制作工艺和美味口感。制作时以大米磨浆，再掺入碱水（通常是用早稻秆烧灰滤水制成的天然碱水）经蒸熟等步骤制成。碱水粑的厚度约为10厘米，食用时通常切成薄片，可以炒食或煮食，常见的搭配食材包括本地烟熏腊肉、大蒜等，既可作为主食，也可作为下酒菜。

黎川芋糍　芋糍是黎川县的民间特色小吃之一，选取易烂的芋头，蒸熟煮烂皆可，去皮晾至尚有余温时加入适量碾细的红薯淀粉，揉匀摘成小坯子，然后包入各种馅料，蒸煮至熟，即可食用。馅料依各人口味自定，常用的就是冬笋、香菇、肉、葱，有时也用茭白、香菇、墨鱼等。

安远三鲜粉　安远三鲜粉以其汤鲜、粉鲜、肉鲜"三鲜"特色著称。制作时，特别注重食材选取，必须选取刚宰杀带着温度的猪肉、鱼肉或牛肉作三鲜粉的食材。用来制作三鲜粉的米粉一般是安远的米粉，因这种米粉是用安远种植的富硒大米和富含矿物质的优质山泉水精制而成的，口感滑，筋道足。有肉三鲜和素三鲜之分。肉三鲜又分牛肉三鲜、猪肉三鲜、肉丸三鲜和鱼片三鲜。素三鲜则不加肉，用蘑菇、冬笋、木耳、青菜等素类食材烹制。在安远，人们最喜欢吃的三鲜粉是用猪瘦肉、猪肝、猪小肠加上安远米粉精心制作成的猪肉三鲜粉。

三、其他特色菜

乐平狗肉 乐平狗肉为乐平风味名菜，尤以白切狗肉最为有名。白切狗肉制作工艺独特，色泽光润，洁净清香，软硬适度，肉嫩味美。进食时佐以香葱、麻油、姜丝、蒜泥调酱油，其味更佳。乐平狗肉是冬令佳品，有壮阳益气、舒筋活血、补肾健胃和暖膝降压等功效。

赣南小炒鱼 赣南小炒鱼是明代凌厨子首创的地方风味菜，因炒鱼加醋而得名。相传明代思想家王阳明在赣州做官时，请一个姓凌的赣州人做家厨。厨子烹饪多艺，特别擅长做鱼，深得王阳明的赏识。有一次，厨子炒鱼加了醋，味道特别好，王阳明吃后十分高兴，问菜名。此菜原本无名，厨师急中生智，心想是放了小酒（即醋）炒鱼，就称"小炒鱼"。小炒鱼制作选用新鲜草鱼，将鱼切成块状，加生姜、四季葱、红椒、醋、酱油、水酒等佐料烹饪而成。此菜色泽金黄，嫩滑味鲜，略带醋香，别具一格。

婺源清蒸荷包红鲤鱼 清蒸荷包红鲤鱼是婺源县的名菜。其做法是取新鲜荷包红鲤鱼，将鱼洗净后打上花刀，然后放入盘中，加入生姜、葱、料酒、味精、盐，旺火蒸10分钟左右即可。清蒸荷包红鲤鱼具有肉质细嫩、香鲜微甜的特点。

鄱湖流浪鸡 鄱湖的流浪鸡与江浙一带的叫化鸡菜名虽相似，但历史背景和烹调方法却是大相径庭。相传，元朝末年，朱元璋与陈友谅两支队伍在鄱阳湖进行空前的大决战。当时，陈友谅拥兵60万，装备精良，气势汹汹，而朱元璋只有20万人马，装备简陋。在一次恶战中，朱元璋又吃败仗，带着刘伯温和几员大将仓皇逃

第五章　名优特产　　　　　　　　　／　155

婺源清蒸荷包红鲤鱼（摄影　朱祺）

奔。陈友谅挥师猛追。朱元璋疲于奔命，人困马乏，肚腹空空。刘伯温看已暂时甩开追兵，便建议找个村庄休息一会儿，弄点吃的充饥。他们一行人来到一所残破的茅屋前，发现有只小鸡正趴在门口懒洋洋地晒太阳，屋檐下挂着一串大蒜头和干辣椒。朱元璋见了茅屋里的老妇人，便请求给点吃的。老妇人见这一行人器宇不凡，谦逊有礼，便欣然应允，把他们请进屋来。为了招待客人，老妇人把门口晒太阳的小鸡抓住杀掉，去毛开膛，取出内脏，洗净投入沸水锅内反复烫煮，接着切成条块状，用大蒜泥、辣椒粉、食盐调匀与鸡块拌和，很快端上桌来。朱元璋一行吃到这种鸡，只觉得鲜辣爽口，味道极美。他们食后赞不绝口，连声称谢。后来，朱元璋当上了明朝的开国皇帝，为了感谢老妇人在他落难时的款待，重赏了老妇人，并将她做的鸡赐名为"流浪鸡"。现在的流浪鸡做法更加讲究了。首先，须选用嫩仔鸡一只，宰杀去毛，剖腹去内脏，洗净晾干，投入开水锅内煮至断血，如此反复烫煮3至4次，直至鸡肉烫熟，取出后切成条块状（鸡翅膀不切），按照鸡的形态拼在盘中。再将鸡的肫和肝洗净切成薄片，放入开水锅内氽熟，用小碗装好。最后，将蒜头、干辣椒、葱、姜切成细末，与香油、酱油、味精一起放入鸡肫、鸡肝碗中，搅拌调匀后，浇在鸡上面即成。这样做出来的流浪鸡，色泽淡红，鲜嫩爽口，微酸微辣，别具风味。

南昌米粉蒸肉　米粉蒸肉是南昌的风味菜肴。南昌人每年立夏前后都喜欢做米粉蒸肉。此菜制作讲究，先把大米、八角、桂皮等混在一起炒熟后研磨成粉，将五花肉切成厚片浸渍在辣椒油、酱油、白糖、料酒、味精调成的酱汁中，半小时后放入米粉拌匀，再将粘满米粉的肉片一片片叠在碗内，上笼蒸熟至烂，吃时将肉扣在盘内即可。有的在肉内拌入适量豌豆，使肉既有粉香，又有豌豆的清香，别有风味。

南昌鳅鱼钻豆腐　这是南昌民间流传的一味佳肴，制法特别，味道鲜美。制作前，先取冷水一盆，将泥鳅放入后，打入蛋清，放置一天。待泥鳅内脏物排出，再洗净备用。切好姜、冬笋、红萝卜等配料，备用。将砂锅放在微火上，加入汤，把整块豆腐和活泥鳅同时下锅。汤热后，泥鳅往豆腐里钻。炖30分钟后，加入配料。少顷，将砂锅离火上桌。此时，只见锅内汤清如镜，豆腐与鳅鱼交错，香气扑鼻，令人垂涎。

九江浔阳鱼席　浔阳鱼席以鱼、虾、蟹为主料，用传统的烧、蒸、炒、焖、爆、熘等多种方法烹制，包括冷盘、热炒、大菜、汤和点心在内的浔阳鱼席色、香、味、形独具特色，是九江极具地方风味的佳肴，久负盛名。相传宋代时"浔阳楼"酒家便以鱼席著称，宋江等梁山好汉曾登楼饮酒赋诗，品尝鱼席。浔阳鱼席的主要名菜有鱼面、清蒸鲥鱼及鲤鱼跳龙门等。鱼面的做法是：取青鱼一尾，去刺，脱鳞，洗净，剁成鱼泥，静置一刻钟后，倒入豆粉，搅匀后加入佐料，擀成面条状，入沸水锅中煮熟即成。清蒸鲫鱼是取新鲜鄱阳湖鲫鱼两条，开肚洗净，把刮下的鱼鳞用网兜装起来，放在鱼面上，置锅内清蒸即成。鲤鱼跳龙门是取活鲤鱼一尾，开肚，脱鳞，洗净，留腮。操作时速度要快，不能让鱼死去。两手分别抓住鲤鱼的头和尾，放入沸油锅炸鱼身（不是专业厨师切勿操作）。肉熟后，放置盘中，迅速加入佐料即可。这时，鲤鱼在盘中仍呈张口摆尾状。

鄱阳湖狮子头 鄱阳湖狮子头制作工艺独特，质地酥软，味道鲜美。制作方法：先将香芋切丝放盆内加精盐拌匀腌渍，猪肉剁成米粒状；再将肉粒、香芋丝、马蹄末、火腿末、干贝丝、姜末、鸡蛋拌在一起，加入干淀粉、精盐、酱油、胡椒粉搅拌后分成4份，每份包一个咸蛋黄；然后炒锅上火，放油烧至五成热时，放入狮子头生坯，炸至金黄色捞出，放入高汤（与狮子头相平）后再加精盐、料酒、酱油、葱结、姜丝，上笼蒸2小时左右，拣去葱结；炒锅上火，放入清水烧沸，加入少量油，放入菜心、精盐、鸡精或味精，略炒至熟，出锅盛于平底汤盘内；炒锅重上火，将狮子头的原汁倒入锅内，狮子头反扣于菜心上，用湿淀粉勾芡，再将明油淋浇于狮子头上即成。

竹筒粉蒸肠 竹筒粉蒸肠是南昌名菜。其做法是，将净肥肠切成2厘米宽的菱形块，姜切片，干椒切末备用。炒锅上火放入水、料酒、姜片，烧沸后将肥肠焯水捞起。将焯过水的肥肠装在陶钵内，用料酒、酱油、适量的盐、味精腌渍一个小时，放姜末、干椒末、五香米粉，加上适量的水，拌匀待用。取竹筒一只（两端留节、从面上开一盖），刷上油，垫好生菜，把拌好的粉蒸肥肠生料放入竹筒内，盖上盖，上笼，用旺火长时间蒸至肥肠酥烂。上席前，浇上热红油即成。其特点是竹香味浓，酥烂鲜辣。

"柴桑一声雷" "柴桑一声雷"为九江传统名菜。其原料为刚起锅的油炸糯米锅巴一盘，蘑菇、玉兰片、虾仁各少许，热鸡汤一碗。上菜时，将热鸡汤迅猛淋在锅巴上，即刻"噼啪"声起，有如春雷阵阵，为筵席增添喜庆气氛。民间戏称此菜为"柴桑一声雷"。其质脆、气香、味鲜，入口酥脆，齿颊生香。

天师八卦宴 天师八卦宴是历代天师为招待宾客、举行重大活动而设的大型宴席。宴席的最大特点是既注意菜肴的品种，更注重菜盘的摆放。饮食文化非常独特，道教的寓意也很深刻。设席时，使用的是老式八仙桌，按八卦中的乾、坤、震、巽、坎、离、艮、兑八个方位，先上八个小菜或小吃，如捺菜、茄子干、柚子皮、霉豆腐、灯芯糕、寿星饼、南瓜子、冬瓜糖等。八位客人各斟上"天师养生茶"。茶过三巡，撤下小菜，再上八大菜。先是上用红枣、糯米等原料精制而成的太极八宝饭。八宝饭放在桌子的正中，定下乾坤。然后，按阴阳生太极、太极生两仪、两仪生四象、四象生八卦的道教八卦规律，依次摆上特制的盘子盛装的八个大菜。按道教方位规定，北为玄武，南为朱雀，左为青龙，右为白虎。所以，代表玄武的红烧龟肉放在上座的正中，代表朱雀的板栗烧鸡放在下位的正中，左右两侧正中分别是代表龙的清炖蛇和代表虎的红烧兔子肉。其他荤素菜肴便在空位摆下，正好围成个太极八卦图。可谓色、香、味、形俱全，文化韵味十足。

茅坪粉蒸鹅 粉蒸鹅是井冈山茅坪传统特色菜肴。活鹅经宰杀和初加工，炒至微黄，以粳米、糯米加入八角混和研成的米粉及花椒、胡椒粉、姜块、葱、料酒、精盐、熟猪油，用清水拌匀、腌渍，然后上笼屉蒸熟。成菜色泽微黄，味道咸鲜，质感软烂。

第十节　传统名点与副食品

一、丰城冻米糖

冻米糖是享有盛名的丰城地方传统名优特产，相传已有200多年的生产历史，以"江南小切"而出名。每年中秋一过，农村家家户户把糯米饭晾干，炒成米花，用米糖拌粘，切成条块，待客解茶。这种糕点叫作"炒米糖"或"米花糖块"。更讲究者，用上等糯米饭做成冻米，再用清茶油煎炸，然后用饴糖黏结，冷却后用薄刀切成小块，前后经过20个工序加工而成，俗称"小切"。新中国成立之初，人们改称"冻米糖"。丰城冻米糖选料制作讲究，携带方便，包装美观大方，既是旅游的方便食品，又是馈赠亲友的理想礼品，曾多次获"江西省优质产品"称号。

丰城冻米糖

二、贵溪灯芯糕

贵溪灯芯糕又名"铁拐李灯芯糕",用优质糯米为原料,配以当归、党参、黄芪等多种名贵中药精制而成,已有800多年历史。因状如灯芯,点火即燃,故而得名。它具有活血提神、健胃顺气之功能,是江西四大名特糕点之一。清代为贡品。相传乾隆皇帝南巡路过贵溪时,品尝后赞不绝口,提笔题词"京省驰名,独此一家"。从此,贵溪灯芯糕便名扬海内外了。灯芯糕谐音"登新高",故亦寓"祝福步步高升,吉祥如意"之意。

三、九江桂花茶饼

桂花茶饼是九江传统的节日糕点,选用当地优质白面粉、茶油、芝麻、桂花为主要原料,经过制皮、拌馅、成型、烘焙、复烘、包装等六道工序精制而成。其色泽金黄,具有小而精、酥而甜、香而美的特点。由于散发着茶油的清香、丹桂的芳香及纯碱和苏打的奇香,故被人们称为是"四香合一"的茶食细点。九江桂花茶饼是江西五大传统名点之一。桂花茶饼食之溢香爽口,回味无穷。宋代文人苏东坡曾有"小饼如嚼月,中有酥与饴"之美誉。

四、九江桂花酥糖

九江桂花酥糖与桂花茶饼同称"桂花双壁"。九江桂花酥糖是九江市的传统产品,也是江西四大名特糕点之一,具有骨脆麻香、油润甜爽、装潢考究等特点。以"茶罢一块糖,咽后倍清爽,细嚼丹桂香,润肺健胃肠",为人们称道。九江桂花酥糖以精富强粉、食用油、白芝麻仁、白砂糖、饴糖和桂花为原料加工而成,质地细嫩,酥脆绵软，营养丰富，具有润肺、健胃、止咳之功能。

五、南昌石头街麻花

南昌石头街麻花是江西五大传统名点之一。一百多年前，南昌市石头街有个小店铺，每天门庭若市，顾客盈门。这就是闻名遐迩的"品香斋"麻花店。石头街麻花以配料考究、制作精细、揉搓均匀、功夫独到而著称于市。它选用精白面粉、一级白砂糖、上等清油等优质原料，每生产100斤麻花，要在原料中加入8斤新鲜鸡蛋黄。制作时，先用温水溶化白砂糖，拌入鲜蛋黄，加上适量发酵粉，再掺和面粉，反复揉搓，直到面料均匀，然后搓成麻花。煎炸时，油温严格控制在七成。这样做成的麻花油重、糖实、个小、型美、色润、香甜、酥松、爽口。

六、安福火腿

安福火腿雅称"西腿"，始于明末清初，曾以其"诱人之香，夺席之味"被列为宫廷御膳用品。产品选用当地特有的猪后腿为原料，采用传统工艺精加工而成，色、香、味、形均臻上乘，不仅畅销内地及港、澳、台地区，而且远销东南亚各国。1915年，安福火腿获巴拿马万国博览会金奖。

七、袁州松花皮蛋

袁州松花皮蛋又叫袁州皮蛋，与袁州夏布、宜春脱胎漆器并称为"袁州三宝"。袁州松花皮蛋创始于清光绪年间，是江西省传统名牌产品，在国内外市场上享有盛誉。皮蛋制作精巧，在蛋皮表面有大小不同的松花、茶花、竹花等图案。袁州松花皮蛋芳香可口，味道鲜美，余味无穷，有清火驱热、化痰生津之功效。

八、大余南安板鸭

大余古称南安，故制作的板鸭被称为南安板鸭。南安板鸭有500多年的生产历史。其皮酥、骨脆、肉嫩、咸淡适中、瘦肉甘香、肥肉不腻，风味独特。1915年，南安板鸭获巴拿马万国博览会金奖。

九、葛源葛粉

葛粉是从多年生藤本植物葛的块根中提取浆液，使之沉淀为粉。李时珍《本草纲目》中记载，葛根具有生津止渴、清热祛火、滋阴解毒、开胃下食等功效。葛源葛粉产于以盛产葛粉而闻名于世的横峰县葛源镇。"葛源"之名起源于隋唐，以其优越的地理环境、优质的水源、绝佳的气候条件、独特的工艺生产的葛粉而得名，被誉为"中国葛之乡"。

十、峡江米粉

峡江米粉制作始于明朝嘉靖年间（1522—1566），距今已有近500年的历史，明代曾作为贡品进献朝廷，被嘉靖皇帝冠以"忠贞米粉"的美称。峡江米粉主产地在峡江县水边镇的龙下、武溪和罗田镇的罗田、张家等村。它以当地优质大米为原料，经浸米、磨浆、滤干、浆、揉团、蒸果、碾团、压丝、晾干、漂洗、烘干等十几道工序制作而成，每道工艺要求精细。其色白细嫩、久煮不糊、久炒不碎、味道清香可口，是人们喜食的佳品。

十一、兴国鱼丝

兴国鱼丝是兴国县久负盛名的著名土特产品，别名"与你相思"，意即"我思念你"。兴国鱼丝用草鱼剔除头和骨，将鱼肉剁成肉酱，掺拌适量薯粉，做成大块，加热蒸熟，并晾干至不粘手时，把它切成丝条，最后晒干储存。它是一种高蛋白、低脂肪、低胆固醇的传统食品，具有营养丰富、鲜香味美、爽滑不腻、柔韧适口和烹调简便、易贮耐存等特点。

专记：打造中国生态文明试验区江西样板

2023年，全省上下全面贯彻党的二十大精神，深入学习贯彻中共中央总书记习近平考察江西重要讲话精神，认真落实省委十五届四次、五次全会部署，聚焦"走在前、勇争先、善作为"的目标要求，牢固树立和践行绿水青山就是金山银山的理念，坚定不移走生态优先、绿色发展之路，统筹推进高质量发展和高水平保护，持续巩固提升生态环境质量，加快推动经济社会发展全面绿色转型，着力畅通"两山"转化通道，深化国家生态文明试验区建设，奋力打造国家生态文明建设高地，建设人与自然和谐共生的美丽江西。

一、生态环境质量保持稳中向好

深入打好污染防治攻坚战。坚持精准治污、科学治污、依法治污，集中力量打好蓝天碧水净土保卫战，全省生态环境质量持续保持中部领先、全国前列。森林覆盖率稳定在63.1%，保持全国第2位，污染防治攻坚战成效考核连续3年全国优秀。空气优良天数比率、$PM_{2.5}$

平均浓度两项指标均居中部六省第 1 位。深入打好长江保护修复攻坚战，统筹推进"五河两岸一湖一江"系统治理，持续加大鄱阳湖总磷污染控制与削减专项行动推进力度，湖区总磷浓度下降 6.3%。全省地表水国考断面水质优良比例 97%，再创历史新高，长江干流江西段连续 6 年、赣江干流连续 3 年保持 II 类水质。"农水农治、农水农用、农民满意"农村生活污水治理模式在全国推广。全省城市生活污水集中收集率较上年度提升 10.23 个百分点，连续 2 年增幅位居全国第一。厨余垃圾处理设施实现设区市中心城区全覆盖，城市生活垃圾分类工作评估列中部第 2 位。

系统推进生态保护修复。持续实施国土绿化、森林质量提升等重大工程，全年新增封山育林 3.52 万公顷、退化林修复 12.59 万公顷，连续多年超额完成人工造林目标任务。全面加强水土流失综合治理，水土保持率达 86.36%。实施新一轮矿山生态保护修复专项行动，扎实推进抚河流域、赣州历史遗留废弃矿山生态修复示范工程。加快建设以国家公园为主体的自然保护地体系，武夷山国家公园总体规划获批复实施，自然保护区生物多样性监测发现新物种 16 种。持续推进长江"十年禁渔"，长江流域重点水域禁捕退捕工作考核获全国优秀。上饶望仙谷"两山转化"、大余丫山"点绿成金"、铜鼓竹木产业发展、赣县崩岗治理生态修复、长江江豚保护等典型经验在全国推广。

筑牢生态环境安全底线。狠抓生态环境突出问题整改，第二轮中央生态环保督察反馈需限期整改的 49 个问题完成 36 个，2018—2022 年长江经济带生态环境警示片披露的 72 个问题完成整改 67 个。支持民进中央开展长江生态环境保护民主监督，推进反馈问题整改落实。推动 590 个地块落实土壤污染风险管控和修复措施，完成 88 座污染隐患尾矿库治理。

二、绿色低碳转型有力有序推进

产业结构持续优化升级。制定实施制造业重点产业链现代化建设"1269"行动计划，加快传统产业高端化、智能化、绿色化改造，出台实施数字经济发展提升行动方案、未来产业发展中长期规划，推动在落实"双碳"目标中培育产业竞争新优势。全省战略性新兴产业增加值增长9.1%，数字经济增加值突破1.2万亿元。新增国家级绿色园区8家、居全国第3位。全省太阳能电池产量增长1倍左右，太阳能电池、电动载人汽车、锂离子蓄电池"新三样"出口额增长73.5%。新余、萍乡绿色转型升级获国家通报表扬。南昌规划建设未来科学城，国家虚拟现实创新中心正式揭牌，国家中药先进制造与现代中药产业创新中心开展实质化运营。能源绿色低碳转型稳步推进。把新能源和清洁能源发展放在更加突出的位置，完善"全省一张网"输气网络，深入开展煤电机组"三改联动"，加快构建新型电力系统。全省单位地区生产总值能耗持续处于全国优秀水平，能耗产出效益指数达到1.3，保持全国第一方阵，可再生能源发电项目装机容量占比达53.1%。全省新增新能源发电项目装机容量812.65万千瓦，可再生能源和非水可再生能源电量消纳权重均高于国家考核激励目标，首批建设3个源网荷储一体化示范项目，92个县（市、区）用上管输天然气。

城乡建设和交通运输绿色发展成效明显。深入推进省部共建城市高质量发展示范省建设，大力发展绿色建筑，鹰潭、南昌系统化全域推进海绵城市示范建设成效明显，九江入选为全国海绵城市建设示范城市。全省新开工装配式建筑面积占比超过34%。大力推进多式联运示范、航道提升等工程建设，水运发展实现"提效增量"，鄱阳角子口码头等5个水运码头建成投运，水路货运周转量增速排名全国第2

位，提前两年完成"十四五"船舶运力规划目标。

资源节约集约循环高效利用深入推进。出台关于全面加强资源节约的若干举措，统筹推进各类资源全过程管理和全链条节约。景德镇成功创建全省首个国家节水型城市，国家级水效领跑者实现企业、园区"零的突破"，九江、萍乡被列入国家低效用地再开发试点。铜、铅、锌冶炼产品能效领跑全国，新钢集团获批"双碳最佳实践能效标杆示范厂培育企业"。列入国家规范公告名单的废旧动力电池回收利用企业数量居全国第 2 位，九大类再生资源回收量增长 52% 以上。

三、"两山"转化路径不断延伸拓宽

探索建立生态价值核算评价体系。全面推进自然资源调查确权登记，省级自然资源清单基本完成调查确权建库。发布试行全省生态产品总值（GEP）核算统计报表制度、核算结果应用意见，在全国率先出台生态资产价值评估管理办法，建成全省统一的生态产品信息共享与核算平台，完成省市县三级 GEP 初步试算。

持续完善生态产业发展市场化机制。着力推动"生态+"产业规模化发展，深入实施"生态鄱阳湖、绿色农产品"品牌战略，全省绿色有机地理标志农产品数量位列全国第一方阵，赣南脐橙、南丰蜜橘等地理标志产品荣登全国百强榜，林业产业总产值突破 6500 亿元，"江西风景独好""全球学子嘉游赣"等旅游品牌影响力不断提升，婺源篁岭入选联合国世界旅游组织"最佳旅游乡村"。大力推进生态资源环境要素交易扩面增量，积极构建省市县三级互联互通、共享共用的生态资源储蓄运营综合平台。建成运营省级湿地管理平台，湿地占补平衡指标累计成交额超过 7400 万元，林业类生态产品累计成交额超过 85 亿元。着力夯实生态价值实现支撑保障。深入推进绿色金融

改革创新，绿色贷款余额增长 42.04%。创新油茶产业专属贷款产品，整合各类金融资金支持油茶产业发展，贷款规模达 42 亿元。资溪率先探索"生态产品价值评价 + 项目"信贷模式。持续打造"江西绿色生态"区域公用品牌，"井冈山"区域公用品牌、军山湖大闸蟹等获国字号荣誉。省生态文明研究院联合 15 家国家级、省级高端智库共建省生态产品价值实现智库联盟。

四、生态治理体系持续优化提升

聚力制度赋能。深入实施主体功能区战略，成为全国第 4 个获批省级国土空间规划的省份。研究出台《江西省人民代表大会关于全力打造国家生态文明建设高地的决定》，修改《江西省生态文明建设促进条例》，发布施行《江西省鄱阳湖流域总磷污染防治条例》，成为全国首部着眼湖泊总磷污染防治的地方性法规，举办首届全国林长制论坛，发布全国首部林长制省级地方标准。牵头制定并颁布 3 项国家生态环境标准，填补江西省制订国家生态环境标准的空白。42 项改革成果在全国推广，国务院实行最严格水资源管理制度考核连续 5 年优秀，赣州阳明湖入选为全国美丽河湖优秀案例，国家级美丽河湖创建实现"零的突破"。林长制考核全国优秀，列入全国深化集体林权制度改革先行区和全国森林可持续经营试点重点省。南昌湿地保护公益诉讼案入选最高检典型案例，靖安乡村民宿管理改革入选中国改革典型案例。

强化科技赋能。推动生态文明建设数字化转型，基本建成省市两级国土空间规划"一张图"实施监督信息系统，率先在全国整省推进"江西农安·数智监管"模式，率先建设林长制数字管理平台。开展绿色低碳技术联合攻关和推广应用，稀土永磁材料绿色再生技术加快成果转化，煤制燃气清洁梯级利用技术成功落地。宜春获评全国创新驱动示范市，自然资源部大湖流域国土空间生态保护修复工程技术创新中心在赣挂牌。

加速市场赋能。积极参与全国碳市场建设，在全国率先开展重点企业碳排放数据质量检查工作，获生态环境部表扬。完成全国碳市场第二个履约周期配额核定、分配、清缴工作，企业碳排放配额总体盈余折合碳资产 2.62 亿元。全年绿电交易电量 20.08 亿千瓦时，金融助力企业减污降碳协同创新在全国推广。大力推进生态环境导向的开发模式，全省 6 个 EOD（生态环境导向的开发模式）试点项目建设加快推进。

五、共建共治共享深入推进

扎实推进生态惠民。持续深入推进国家生态综合补偿试点省建设，新一轮东江、渌水跨省流域生态补偿协议签订，与湖北省签订长江流域（鄂赣段）横向生态保护补偿协议，连续 8 年实施全流域生态补偿，累计筹集流域补偿资金 295.48 亿元。积极开展城市公园绿地开放共享试点工作，全省共有 225 个公园列入首批开放共享清单。城市建成区绿地率、绿化覆盖率稳居全国第 2 位，人均公园绿地面积居全国前列。稳定退捕渔民转产就业，全省 5.08 万名退捕渔民全面实现转产就业。

深入践行绿色低碳生活。大力弘扬生态文化，加快构建具有赣鄱特色的生态文化体系。实施反食品浪费、粮食节约和塑料污染治理等专项行动，举办首个全国生态日江西活动、鄱阳湖国际观鸟季活动、第十二届中国竹文化节、第六届国家生态文明试验区建设（江西）论坛和生态文明宣传月、节能宣传周、六五环境日等主题活动，常态化开展"河小青"、植绿护绿等志愿服务，绿色出行、节水节电、"光盘打卡"等成为习惯，公共机构低碳积分制入选国家"双碳"典型案例。

广泛开展绿色创建。扎实推进20个碳达峰试点城市和园区建设，赣州、吉安、南昌国家低碳城市试点评估为优良等级，彭泽棉船"零碳岛"、井冈山经开区京九社区入选国家绿色低碳典型案例。加快推动九江、赣州、吉安、抚州国家"无废城市"建设。新增及更换公交车、出租车（含网约车）中新能源车占比分别达92.3%、89.34%，上饶入选为国家公交都市建设示范城市。新增9个省级生态产品价值实现改革示范基地，累计创建国家生态文明建设示范区28个、"绿水青山就是金山银山"实践创新基地10个，数量居全国前列。

（本文转自《江西年鉴2024》）

参考文献

1. 江西省社会科学院历史研究所、江西省图书馆选编：《江西近代贸易史资料》，江西人民出版社1988年版。

2. 舒惠国主编：《江西省情与战略》，江西高校出版社1996年版。

3. 吴官正主编：《江西省情概论——历史、现实与未来》，江西人民出版社1997年版。

4. 许怀林：《江西史稿》，江西高校出版社1998年版。

5. 钟起煌主编：《江西通史》，江西人民出版社2024年版。

6. 中共江西省委党校、江西省统计局编：《江西百年沧桑 1900—2000》，中国统计出版社2001年版。

7. 程鹃：《我省迈入工业化中级阶段》，《江西日报》2003年11月21日。

8. 曾广玉、曾洁婷主编：《走马看江西》，百花洲文艺出版社2007年版。

9. 江西省发展和改革委员会、江西省统计局：《新中国60年的江西》，中国统计出版社2009年版。

10. 朱虹主编：《江西风景独好》，二十一世纪出版社2012年版。

11. 魏琳：《江西全面小康全面提速——专访江西省统计局巡视员彭道宾》，《中国信息报》2016年2月26日。

12. 赵力平主编：《美丽中国江西样板》，江西教育出版社2017年版。

13. 梁勇主编：《中国改革开放全景录·江西卷》，江西人民出版社2018年版。

14. 江西省地方志编纂委员会办公室编著：《江西方志文化丛书》，武汉大学出版社2018年版。

15. 王国强、蒋金法、肖洪波主编：《江西发展蓝皮书——江西经济社会发展报告（2022）》，社会科学文献出版社2022年版。

16. 本书编写组：《全面建成小康社会江西全景录》，江西人民出版社2022年版。

17. 叶建春主编：《江西年鉴（2023）》，方志出版社2023年版。

18. 江西省统计局、国家统计局江西调查总队：《江西省2023年国民经济和社会发展统计公报》，《江西日报》2024年3月30日。

19. 傅云、蒋金法、肖洪波主编：《新时代江西文化发展报告（2013—2023）》，江西人民出版社2024年版。

20. 江西省地方志研究院编，孙洪山主编：《江西年鉴（2024）》，方志出版社2024年版。

后 记

　　江西是个"物华天宝、人杰地灵"的好地方，古色是江西最深的底蕴，红色是江西最亮的品牌，绿色是江西最大的优势。在这块古老而神奇的土地上，我们的祖先创造了高度发达的农耕经济和文化，他们之中产生了许许多多的文坛巨擘、英雄豪杰和能工巧匠，对中华民族的文明历史作出了突出的贡献。近代以来，江西是中国历次革命斗争的重要地区。新民主主义革命时期，江西人民在中国共产党的领导下，进行了长期艰苦卓绝、可歌可泣的斗争。作为人民军队的摇篮、中国革命的摇篮、人民共和国的摇篮和中国工人运动的策源地，江西这片红土圣地浸染着无数革命烈士的鲜血，孕育了伟大的井冈山精神、苏区精神、长征精神，承载着中国共产党人的初心使命。中华人民共和国成立后，江西人民以"敢教日月换新天"的豪情壮志，筚路蓝缕，艰苦创业，开始了建设美好家乡的新历程。党的十一届三中全会以来，赣鄱大地释放出蓬勃的生机和旺盛的活力，经济社会发展取得了巨大成就。进入新时代、踏上新征程，全省上下坚持以习近平新时代中国特色社会主义思想为指导，聚焦"走在前、勇争先、善作为"目标要求，推进改革开放走深走实，推进新质生产力稳步发展，推进生态优势巩固提升，推进人民生活全面改善，推进政治文明风清气正，推进全面从严治党向纵深发展。经过75年的不懈努力，江西有史以来第一次消除了绝对贫困和区域性整体贫困，实现了从贫穷落后到全面小康的历史性巨变，见证了我们党团结带领中国人民实现从站起来、富起来到强起来的伟大飞跃，正在新起点上奋力谱写中国式现代化江西篇章。

为了让读者更好地了解与把握江西的省情，我们编写了《这里是江西》一书。它以较短的篇幅，详今略古，概述了赣鄱大地一幅幅真实生动的宏伟画卷，是一部别具一格的省情读本。由于篇幅限制和2018年原江西省地方志办公室（今江西省地方志研究院）已编纂出版《江西古代名人》等方志文化丛书和从2003年起每年编纂出版《江西年鉴》，本书只设有五章，约七万字，不能全面反映江西的人文、历史、科技、教育等内容，请读者海涵。今后，我们将陆续推出系列省情读本。

本书能够顺利完成编著和出版，得益于省委宣传部和省社科院领导的悉心指导与江西人民出版社的大力支持。除特别署名外，书中图片均由江西画报社提供；省国土空间调查规划研究院提供了江西政区图。同时，本书还参考了许多文献与资料，在此一并表示诚挚的谢意！

由于编者水平有限，资料欠缺，编著时间仓促，书中疏漏之处在所难免，敬请读者不吝指正！

编 者

2024年11月29日